언제나 승리하는
행복한 삶과 골프 누리시길
축원합니다.

당신은 이제 골프왕 2

You are the Best Golfer Now 2

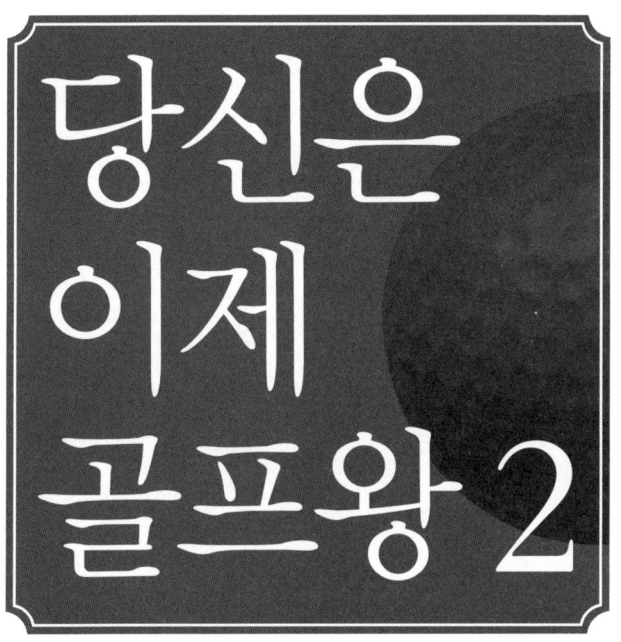

김덕상 지음

집사재

당신은 이제 골프왕 2

초판 1쇄 인쇄일 | 2006년 4월 1일
초판 1쇄 발행일 | 2006년 4월 5일

지은이 | 김덕상
발행인 | 유창언
발행처 | 집사재

일러스트레이션 | 고성언
출판등록 | 1994년 6월 9일
등록번호 | 제10-991호

주소 | 서울시 마포구 서교동 377-13 성은빌딩 301호
전화 | 335-7353~4
팩스 | 325-4305
e-mail | pub95@hanmail.net

ISBN 89-5775-105-X   04690
ISBN 89-5775-104-1   04690(세트)

값 10,000원

※잘못 만들어진 책은 구입처에서 교환해 드립니다.

| 추천사 |

삶이 담긴 골프 이야기

고등학교, 대학교 후배이자 친구이기도 한 저자(著者)로부터 느닷없는 추천사 부탁을 받고서 적잖이 난감하여 순간 망설일 수밖에 없었다. 골프를 아끼고 즐기기는 하나 전문 서적에 대해 추천사를 쓸 만큼 골프에 대한 조예가 깊지도 않을 뿐더러 나의 글로 인해 다른 이의 역작이 행여 빛을 감할까 두려웠기 때문이다.

그러나 나는 저자가 이번 책자에 앞서 내놓은 『당신은 이제 골프왕』 1권의 평판에 대해 이미 알고 있던 차이고 또 이번에 추천사를 부탁하면서 함께 보내온 2권의 원고를 조심스레 읽어 내려가면서 서툰 글이나마 몇 자 적어 독자들에게 알림이 합당하다는 결론을 내렸다.

재작년 늦은 가을로 기억이 된다. 『당신은 이제 골프왕』 1권을 들고 나를 찾아와 '좋은 일하려고 사고를 쳤다'며 쑥스러워하던 모습이 떠오른다. 그 후 '골프왕 1권'은 독자들의 사랑을 많이 받았다. 모르기는 해도 평생을 필드에서 공만 바라보고 살아온 전문 프로가 아니면서도 실전 골프에 반드시 필요한 알짜배기 조언을 지면 가득히 담아 놓았던 탓일 것이다.

골프왕 1권을 기본기에 충실한 소박한 7번 아이언에 비한다면 이번에 내놓은 『당신은 이제 골프왕』 2권은 세련된 페어웨이 우드에 비유할 수 있을 것 같다. 골프의 기술뿐만 아니라 나와 같은 비즈니스맨들이 골프를 통해 경영의 지혜를 배우고 또 경영을 통해 골프의 비법을 터득하게 하는 주옥 같은 칼럼들을 지면 곳곳에서 찾아볼 수 있기 때문이다.

그래서인지 그냥 '골프서적' 이라고 단정짓기엔 삶의 냄새가 꽤나 짙고 그렇다고 '경영지침서' 라고 하기에는 지면 곳곳에서 맞닥뜨리는 골프의 진면목을 놓치는 것 같아 역시 맘이 편치 않다. 이것이 '골프왕' 이 갖는 매력이다.

전편의 수익금은 형편이 어려운 소년소녀 가장들과 가난한 학생들의 학비를 지원하는데 썼다고 한다. 이번에도 '골프왕 2권' 에 대한 독자들의 사랑은 배고픈 어린이를 돕는 데 사용될 예정이라고 한다.

나는 저자가 가진 골프에 대한 남다른 식견과 함께 그의 마음씀씀이를 알기에 무딘 글임에도 불구하고 추천사를 마다하지 않았다.

부디 독자 여러분께서도 공감의 기회를 가지시기를 적극 권하는 바이다.

2006년 2월

기업은행장 강권석

| 머리말 |

행복한 골프로 초대합니다

　스스로 생각해 봐도 부끄럽기 짝이 없는 것은, 선수 출신도 아니고 또 특별히 장기간 골프 전문 교육을 받은 적도 없으면서 겁 없이 컬럼을 쓰기 시작했다는 사실입니다. 인터넷 동호회 게시판에 후배들을 위한 저의 경험 소개와 또 그들의 질문에 대해 성의껏 답변을 했던 것이 인연이 되어 골프스카이닷컴에 필진으로 등용되고 이제 골프컬럼니스트라는 호칭이 그리 어색하지 않은 지경에 이르게 되었습니다.

　골프스카이닷컴의 '왕짜&골박' 컬럼으로 아마추어들에게 골프 전략을 소개하는 왕짜골법을 쓰기 시작하면서, 경기 이코노미 21에 '골프와 경영' 컬럼을 연재하였고, 이어서 에이스 골프신문에 '성숙한 골프를 합시다' 라는 제목의 골프문화와 매너에 대한 컬럼을 집필하였습니다.

　2004년 11월 『당신은 이제 골프왕』 출판시, 제가 쓴 101개의 컬럼과, KPGA 프로인 아들이 쓴 '필드에서 7가지 실수 확실히 없애는 법'을 묶어 우리 부자간에 협력하는 좋은 경험과 행복함을 맛보았습니다. 뜻을 같이 하는 많은 분들이 적극적으로 도와주셔서 출판 수익금이 1년 사이에 1,000만 원을 넘었고, 약속한 대로 어려운 소년소녀 가장돕기, 가난한 학생들 학비 지원 등으로 예닮골 동호회를 통해 소중히 잘 쓰여졌습니다.

『당신은 이제 골프왕』이 출판된 지 1년 남짓만에, 많은 분들의 뜨거운 격려로 『당신은 이제 골프왕』 2권을 출판하게 되었습니다. 이 책에서는 1권의 단편적 전략 컬럼 스타일을 탈피하여, 각 장을 큰 주제를 가진 시리즈로 구성함으로써 보다 쉽게 이해하도록 만들었습니다. 큰 그림 파악을 용이하게 하였고 또 비즈니스 골프를 잘 하는 방법들을 적었습니다. 한편 매너편인 '성숙한 골프를 합시다'에는 지나치기 쉬운 실수나 에티켓 문제를 사례 중심으로 소개함으로써 초·중급자는 물론 상급자까지 자신의 매너를 점검, 업그레이드하도록 만들어 보았습니다.

끝으로 암투병의 어려움 속에서 마지막 작품으로 귀한 그림을 그려주신 고마우신 고 고우영 화백님을 추모하며, 그 자제분 고성언 화백의 그림을 이 책에 올릴 수 있게 된 것을 감사하고 기쁘게 생각합니다.

이 책이 독자 여러분들께 조금이라도 도움이 되기를 소망하면서, 이 책을 펴는 모든 분들께서 언제나 행복한 삶과 골프를 누리시길 축원합니다.

2006년 2월
김덕상 올림

| 차 례 |

- 추천사 7
- 머리말 9

- 제1부 백전백승 왕짜 골법 15

17 | 꺾집사 고정관념 vs 소렌스탐 상식파괴
21 | 信爲萬事本 _ 동반자를 적으로 만들지 말라
25 | 버디 값, 최고의 칩 샷 그리고 피바다
28 | 골프는 몸 따로 마음 따로
31 | 잘 가르치며 잘 배운다. 상생(相生)의 멘토링
35 | 진행도 핸디캡, 초보자는 서러워도 뛰어라
39 | 다 바꿔라 다 바꿔
42 | 농사에서 배우는 골프 형통 비결
46 | 골프 氣・基・技・記
50 | 동반자도 챙겨야 내가 산다
53 | 빨리 털어야 짐을 벗는다
57 | 어쩐지 눈에 뵈는 게 다르더라
60 | 김프로와 닭장 박뽀로의 차이
63 | 삼수갑산 가더라도 차분하게(No rush, No pain)
66 | 공군만으론 후세인과 빈 라덴 못 잡지
69 | 울면서 후회해도……
72 | 세 번 짧아 흘린 눈물
75 | 힘들어도 계속, 싫어도 다시 한 번

■ **제2부 코스 매니지먼트 특강** - 티잉 그라운드에서 그린까지의 전략 79

81 | 골프에 왕도는 있다, 매니지먼트
84 | 티잉 그라운드 1 _ 쫄면 죽는다
88 | 티잉 그라운드 2 _ 안 보면 못 친다.
91 | 스루 더 그린 1 _ 스코어의 혁명을 이루려면
95 | 스루 더 그린 2 _ 골프는 만만하게 처라
99 | 스루 더 그린 3 _ 다음 샷으로 승부하라
103 | 그린 주변 1 _ 발품을 팔아야 스코어가 준다.
107 | 그린 주변 2 _ 비행기 추락 원인은 짧은 활주로
110 | 퍼팅 1 _ 작은 것에 충실해야 골프가 정복된다
114 | 퍼팅 2 _ 고수는 벽치기를 좋아한다
117 | 종합편 1 _ 생각만 바꿔도 파가 보인다.
120 | 종합편 2 _ 슬기로운 골퍼의 실속과 지혜
124 | 종합편 3 _ 파 3홀, 파 5홀의 전략이 성공의 지름길
128 | 종합편 4 _ 짧거나 긴 파 4홀은 이렇게 처라
131 | 최종회 _ 필승비법 심7 기3

■ **제3부 접대 골프 성공의 일곱 계단** 135

137 | 강(强) _ 일단 골프는 잘 쳐야 한다
140 | 용(勇) _ 시원하고 용감하게 친다
144 | 예(禮) _ 예절 핸디캡도 낮추어라
148 | 신(信) _ 바르게 쳐야 신뢰감을 얻는다
152 | 지(智) _ 지혜롭게 운영하라

156 | 덕(德) _ 나에게 인색하고 남에게 관대하라
159 | 애(愛) _ 사랑의 색안경을 써라

■ **제4부 성숙한 골프를 합시다** 163

165 | 골프에도 생명선은 있다
168 | 성숙한 골퍼는 머문 자리가 깨끗하다
172 | 시간 엄수는 절대 규칙
176 | 남의 볼 보기를 돌같이 하라
179 | 매너 나쁜 골퍼에게 벌금을 매긴다면……
182 | 사람을 향해서 쏘지 말라
186 | 원칙은 지키라고 있는 것
190 | 성숙한 골퍼는 알까지 않는다
194 | 예의 좀 지켜 주세요
198 | 내 맘대로 룰 적용은 금물
202 | 내기 골프를 위한 비열한 속임수
206 | 함부로 하는 말은 비수
210 | 단체 라운드도 예의 갖춰야
214 | 레슨은 아무나 하나?
218 | 너나 잘 하세요
221 | 고수는 소리 없이 강하다
225 | 골프의 멘토 되기
228 | 골프장의 무서운 조폭 마누라
231 | 아무리 양반이어도 플레이는 빨리
234 | 밟지 말아야 할 그림자

237 | 안전주의보를 발령하라
241 | 이 볼이 네 볼이냐?
245 | 여분으로 들고 다니는 채와 볼, 매너의 기본
248 | 무심함과 무례함 사이
252 | 그린에서의 룰과 에티켓
256 | 그린은 에티켓 우범지대
259 | 벙커에 자국을 남기면 추한 모습
263 | 위치의 미학, 골프장에도 길이 있다
267 | 주는 만큼 받는 골프 인과응보
271 | 던지고 되받는 캐디 부메랑
275 | 좋은 골퍼, 좋은 갤러리
279 | 매너를 지켜야 진짜 승리
283 | 협력해서 선을 이루는 골프

■ **제5부 필수 숏게임의 비법 287**
　-KPGA 김병곤 프로

289 | 퍼팅
292 | 어프로치
297 | 상황별 대처방법

제1부

백전백승 왕짜 골법

● 왕짜 골법 1 ●

꺽집사 고정관념 vs 소렌스탐 상식파괴

중소기업을 경영하는 꺽다리 김 집사는 탁월한 스포츠맨으로 골프 입문 8개월 13번 라운드만에 오비를 내고도 83타를 친 우리 동호회의 신인왕 후보이다. 그의 플레이는 티샷, 세컨 샷, 어프로치에 퍼팅까지 모든 부분이 안정되어 도저히 초보자라고는 믿을 수 없는 지경이다. 그리고 그는 싱글 핸디캐퍼이건 오랜 경험을 갖춘 고참이건 가리지 않고 과감하게 도전한다. 그래서 그와 볼을 치면 아주 시원시원한 것이 팀 전체에 활력을 불어넣는다.

그와 함께 6월 초에 제주도에서 라운드를 한 적이 있다. 오라 골프장의 후반 어느 파 5홀에서 그의 티샷은 훅이 나서 왼쪽 숲으로 들어갔다. 숲 속에서 페어웨이로 빠져 나오기에는 나무들이 너무 촘촘하여 그의 실력으로는 성공확률이 그저 20~30%에 불과할 것으로 보였다. 마침 옆 홀의 페어웨이로는 공간이 많았다. 그냥 옆으로 빠져 나가는 것은 물론, 그린과 같은 방향으로 최소한 100야드 정도는 능히 빠질 수 있는 상황이었기에 "꺽집사, 옆의 홀로 역주행하였다가 마지막에 나무를 넘기는 어프로치를 해 보게"라고 권하였다.

그러나 독일병정 스타일인 그는 그 홀이 내기에서 배판이었음에도 불구하고, "물러서지 않고 무조건 앞으로 공격하겠습니다"라고 대답했다. 그래서 속으로 "경험삼아 쳐 보는 것도 괜찮다. 뜨거운 맛도 봐야 골프가 늘지"라고 생각을 하였다.

그는 숲 속에서 나무와 투닥거리더니 3타만에 페어웨이로 빠져 나왔다. 그러나 그는 그곳에서 멋진 아이언 샷으로 핀 옆에 붙여 원 퍼트로 마무리하였다. 버디 같은 보기를 한 셈이다.

골프의 여제 애니카 소렌스탐은 맥도날드 챔피언대회 마지막 날 라운드에서 16번 파 5홀 티샷이 심한 훅이 걸려 옆 11번 홀의 러프 지역으로 날아갔다. 한국 같으면 거의 오비를 면치 못하였겠지만, 소렌스탐은 그 비슷한 상황에서 상식밖(?)의 11번 홀 티잉 그라운드 쪽으로 역주행하는 샷을 하였고, 95야드 정도의 거리를 남기고 웨지로 나무 숲을 넘겨 그린에 떨어뜨린 후 버디를 잡아냈다. 그것으로 첫번째 메이저대회 우승 꿈을 꾸고 있던 안시현 선수의 추격을 가볍게 뿌리쳤다.

당시에 중계를 하던 한국의 아나운서는 처음에 "16번 홀의 페어웨이로 낮게 쳐 빼내야 되겠지요?"라고 말하였던 것으로 기억된다. 보통은 그렇게밖에 생각할 수 없을지도 모른다. 그러나 소렌스탐이 16번 홀로 다시 넘어가기엔 나무들이 너무 많았다고 판단을 한 것 같다. 그녀는 잠시 생각을 하더니 서슴없이 11번 홀 티잉 그라운드 쪽으로 세컨 샷을 날렸다. C일보는 그 세컨 샷을 다음 날 기사 제목에 소렌스탐 '상식파괴 샷'이라고 재미있게 표현했다.

꺽집사와 소렌스탐 모두 빛나는 아이언 샷으로 원 퍼트를 하였으나, 고정관념의 꺽집사는 숲에서 헤매다가 보기를 한 셈이고, 소렌스탐은 중앙선 넘은 김에 상식파괴 역주행으로 버디를 잡았다. 그러나 엄밀하게 따져 보면 소렌스탐의 판단은 상식파괴가 아니라 철저하게 확률에 의존한 창의적인 전략이었다고 본다. 그녀가 무리하게 숲을

뚫고 당장 페어웨이로 돌아가는 것보다는 병행 홀을 역주행하는 것이 훨씬 더 안전하고 성공확률이 높다고 판단했다. 다시 말해 나무 숲을 밑으로 빠져 나가기보다 탄도 높은 써드 샷으로 넘어가는 것이 훨씬 성공확률이 높다고 분석했기 때문에 가능했던 일이다.

그 당시 소렌스탐은 만약 16번 홀로 숲을 빠져 나왔다 하더라도 정규 온그린을 하기 어려운 상황이어서 최상의 스코어는 파일 수밖에 없었다.

철저한 확률(percentage)로 세운 빛나는 전략의 성공이었다.

信爲萬事本 _ 동반자를 적으로 만들지 말라

20년 근무하던 직장을 떠날 때, 후배의 아버지인 K교장 선생님으로부터 귀한 선물을 하나 받았다. 신위만사본(信爲萬事本)이란 글이 담긴 액자였다. '매사의 근본이 되는 것은 믿음이므로, 믿음과 신뢰감으로 대인 관계를 가져야 한다'는 뜻이다. 인생살이는 물론 골프장에서도 가슴에 간직하고 싶은 글이라 소개하고자 한다.

몇 년 전 세상을 떠들썩하게 만들었던 유명 야구선수 C와, 톱스타 탤런트 C양의 결혼은 온 국민의 관심사였던 선남선녀의 결혼이었다. 영국의 찰스 왕자와 다이애나 비 결혼식의 축소판 정도는 되었었다. 유감스럽게도 온 세상의 이목이 집중되었던 이 한 쌍의 결혼은 결코 행복하지 못하였다. 물론 여러 원인이 있겠지만, 서로 신뢰감을 잃으면서 생겨난 비극적인 이야기로, 그 결과 그들은 모두 상처를 주고

받은 피해자가 되었다.

　골프는 친구 넷이 첫 홀에서 티오프하고, 원수 넷이 18홀 홀아웃을 하는 것이라는 우스개가 골퍼들의 입에 자주 오르내린다. 첫 홀에서 시작할 때의 좋은 관계와 그 우정을 18홀까지 유지하고 또 다음 라운드를 기약할 수 있도록 만드는 것이 훌륭한 골퍼요 유능한 경영자의 덕목이다. 삼강오륜(三綱五倫)에 붕우유신(朋友有信), 즉 '벗 사이에는 신의가 있어야 한다'는 말이다. 회사나 골프장이거나 동료 또는 동반자를 적으로 만드는 우를 범하면 안 된다. 함께 일할 때 또는 첫 홀에서 같이 티오프할 때에는 다정한 사이였지만, 회사를 떠나거나 골프장에서 헤어질 때 신의를 잃고 적이 되어 헤어지는 경우를 심심치 않게 본다.

　S사장에게는 좋은 골프 친구가 별로 없다. 넉넉한 상속을 받아 어려움 없이 사장이 된 그는 성품이 시원시원하고 맺고 끊는 것이 박력이 넘친다. 그는 일반 샐러리맨처럼 눈물 젖은 빵을 먹어 본 적이 없어 남을 이해하고 배려하는데 부족하고, 무엇이든 그가 원하는 대로 이루어지는 왕자 같은 환경에서 자라다 보니, 골프장에서도 모든 것을 자기 위주로 생각하고 행동해야 직성이 풀린다. 모두 자기를 떠받들어 주니, 내기를 할 때에도 자기에게만 관대한 편이 되었다. 또 그에게는 좋지 않은 버릇이 있다. 불쑥 던진 한 마디가 동반자들을 무시하는 말로 가끔 상처를 준다. 결코 의도하지는 않았지만 결과적으로 가까운 사람에게 상처를 입히곤 한다. 또한 자기가 한 약속도 자기 마음 편한 대로 해석하고 때로는 무시해 버린다. 그래서 그는 경쟁사로 옮긴 옛 동료로부터 공격을 받기도 한다. 마치 방출된 투수가

옛 친정 팀을 상대로 이를 악물고 볼을 던지는 것처럼…… 결국 동지를 적으로 만드는 우를 범한 셈이다.

K사의 P사장은 그와 정반대이다. 그는 골프도 싱글 핸디급이다. 그럼에도 그는 100도 못 깬 새카만 후배들과도 기꺼이 라운드하고, 아무리 동반자가 헤매고 흐름을 끊어도 언제나 인내하며 오히려 그를 격려해 준다. 라이벌끼리 큰 내기를 하더라도 또 아무리 그가 크게 승리를 하여도, 동반자들이 골프장에서 떠나기 전에 꼭 상처를 달래서 기쁜 마음으로 떠나게 한다. 예를 들면, "내가 당신보다 실력이

상급자다"라고 우쭐대는 것이 아니라, "오늘 당신은 운이 없었고 내가 운이 따라 주었다"고 이야기하고, 멀리건은 기쁘게 주면서 받지는 않는 것처럼, 자기는 룰을 인색하게 적용하고 동반자에게는 관대하게 한다.

그의 철학은 누구에게라도 상처 주는 말과 행동을 하지 말자는 것이다. 상처를 주게 되면 잠깐의 승리는 할 수 있어도 친구와 동료를 영원히 잃는 패배를 맛볼 것이라는 생각을 가진 골퍼이다. 그와 한 번이라도 라운드를 하게 되면 누구든지 친한 친구가 되고 그의 조력자가 된다. 그의 회사 사업과 관련한 일이라면 발벗고 나서는 선후배가 한둘이 아니다. 그의 회사를 떠나 이직한 옛 동료들은 여러 곳에서 P사장의 응원군이 되고 K사의 홍보대사 역할을 한다. 회사 직원들과 골프 동반자들에 대한 작은 배려가 신뢰감을 쌓았고 결국 그는 사업과 골프 양쪽에서 빛나는 성공을 거두고 있다. 당장의 한 타보다는 한 라운드가, 한 라운드보다는 평생 같이 해야 할 라운드가 더 중요하다.

信爲萬事本. 이것은 골프장에서도 평생 통하는 세상의 진리이다.

버디 값, 최고의 칩 샷 그리고 피바다

버디 값이 있다고 흔히 말한다. 버디 값이라는 것이 초보자들에게만 있는 줄 알지만 사실은 그렇지 않다. PGA프로들은 흐름이 좋을 때 한 라운드에 버디를 7~8개씩 하는 경우도 있지만, 아마추어 골퍼들은 설령 싱글 핸디캐퍼라도 라운드당 평균 1개의 버디를 하는 것도 그리 쉽지 않다. 그래서 버디를 한 번 잡은 후 대체로 지나치게 마음이 들뜨게 마련이다. 특히 여러 개의 스킨이 걸려 있는 곳에서 버디 한 방을 터뜨린 후에는 대부분의 골퍼들은 많이 흥분되는 것이 사실이다.

몇 년 전 어느 가을날, 안양 베네스트 골프장에서 플레이를 한 적이 있다.

4번 홀은 170야드 내리막 파 3홀로 핀 전방과 우측은 5미터까지 연못이 막고 있는 무시무시한(?) 파 3홀이었다. 나는 여느 때와 마찬가지로, 최선의 안전대책을 강구하기 위하여 그린을 살짝 넘는 티샷으로 일단 후방 안전지역을 확보하였다.

어프로치가 길면 물에 빠질 염려가 있는 위험한 지형이라, 용량이 모자라는 나의 286 두뇌 컴퓨터를 완전히 가동시켰다. 머리에 쥐가 나도록…….

거리는 36야드 심한 내리막, 홀에서 15야드 지점에는 턱까지 있어서 결국 3단 그린인 셈이었다. '초기 탄도는 15도, 5야드 비행 후에 착지, 그린의 내리막 경사를 타고 16야드를 굴러가다가 턱을 살짝 넘은 이후는 완전히 엔진 브레이크를 사용하여 홀 옆 3피트에 붙인다면 무척 기쁘겠다' 고 이렇게 생각한 작전이었는데…… 그만 그것이 직접 들어갔다. 우~~ 와! 나이스 버디.

칩 샷으로 홀에 직접 넣은 적이 셀 수 없이 많지만, 그래도 평생 이렇게 잘 친 어프로치는 없었다. 동반했던 언더파 동호회 파트너들이 얼마나 놀랐을까? 또 가슴이 얼마나 쓰렸을까? 주머니를 매만지면서……. 그 한 홀에서 나는 꽤 많은 숫자의 배춧잎(만원권)을 거두어들였다. 모두 같은 핸디캡이었는데, 귀중한 버디를 낚으면서 혼자 앞으로 치고 나가는 형국이 되었다. 어깨가 으쓱해졌다.

그 다음 5홀은 우측으로 휜 도그레그 파 4홀이었다.

장타자는 그린 근처까지 간다고 캐디가 이야기해 주었다.

신중히 어드레스를 마친 상태에서 티업한 볼 위를 벌 한 마리가 윙윙거리며 왔다 갔다 하는데, 파트너 한 분이, "버디 축하 비행입니다"라고 말씀하셨다.

'프하하, 한 홀에서 섭섭치 않게 배춧잎을 꽤 건졌군, 음 상쾌해.'

이렇게 생각하며 어드레스를 풀었다 다시 들어가 힘차게 스윙하였는데, 심각한 생크가 되어 30야드 우전방 숲 속으로 데굴데굴 굴러 들어가더니 OB가 되었다.

이렇게 생애 최고의 칩 샷이 터무니없는 최악의 티샷 OB로 시커멓게 타 버리고 말았다.

"아니 이렇게 버디 값을 치루다니?"

믿을 수 없었지만, 현실이었다.

조금 전에 버디를 쳐서 배판을 만들어 놓고, OB 한 방으로 더블보기를 해 비싼 버디 값을 치른 셈이었다. 지난 홀에서 거두어들인 배춧잎은 물론 배추를 싣고 온 트럭까지 돌려준 꼴이 되었다. 70년대 고속 경제 성장시대 이후 기업 흥망사를 살펴보면, 특별한 제품으로 크게 히트를 친 업체가 그 후 방심한 경영을 하다가 무너져간 사례를 쉽게 찾아볼 수 있다.

그 날 나는 인생과 골프의 좋은 교훈을 하나 얻었다.

'골프도 인생도 경영도 잘 나갈 때 더욱 조심하라.'

성경말씀에도 교만은 패망의 선봉이라 하지 않았는가?

● 왕짜 골법 4 ●

골프는 몸 따로 마음 따로

91년 늦가을 어느 토요일. 경기도 T골프장에서 통산 73번째 라운드를 가졌다. 그때 골프가 참 묘한 운동이라고 생각했다. 컨디션이 상당히 좋았는데도 툭하면 90을 훌렁 넘기는 일이 다반사이더니, 몸이 불편해 겨우겨우 기어서 18홀을 마쳤는데 생애 첫 70대 기록을 이루었기 때문이다.

함께 차를 타고 가면서 후배에게 미리 양해를 구하였다.

'감기 몸살 때문에 사실 서 있기도 힘드는 데, 만약 컨디션이 더 나빠지면 전반만 치고 목욕탕에서 기다릴 테니 이해하여 주시오.'

'평생 칠 골프인데 너무 무리하지는 마십시오.'

후배인 그는 선뜻 승낙했다.

1번 홀 티잉 그라운드에 오르며 몇 번을 다짐하였다. '오늘은 거리도 필요 없어. 그냥 얌전히 또박또박 무리하지 않게, 칠 수 있을 때까지만 욕심 없이 쳐 볼 테야.' 비록 티샷 거리는 평소보다 10~20야드 짧았지만, 매번 페어웨이 중앙에 볼이 떨어졌다. 세컨 샷도 핀을 의식하지 않고 그저 그린 중앙으로 욕심 없이 날렸는데, 죽기 살기로 칠 때엔 그렇게도 안 올라가던 볼이 술이 취했나, 감기약에 취했나? 치면 올라가니 참 묘한 일일세. 전반 파 5홀마다 버디를 한 것도 참 특별한 일이었다.

죽어가는 목소리에 빌빌하면서 공을 치던 내가 전반에 +2를 치니, 내기를 하던 동반자들은 아비규환, 혼비백산이 되었다.

"김 선배, 후반에 계속 치실 거유?"

"이보게 아우님, 촌놈이 전반에 38이란 좋은 기록을 세웠는데, 그만 물러설 수 있는가? 나 죽더라도 골프장에서 죽을 것이니 계속함세."

좋은 스코어 때문인지 갑자기 힘이 솟더니 언제 아팠던가 싶게 내 모습이 달라졌다. 왠지 어깨도 으쓱거려지고…… '잘 되었다, 차제에 뭔가 보여주자' 싶어 의기양양해졌다.

그러나 사기가 충천하자마자, 그렇게 똑바로 가던 공이 우탄, 좌탄 방향을 잃고 흡사 기관총 사격을 하듯 산지사방에 흩어지기 시작했다. 태극기 휘날리며, 난초를 그리며…… 왜 퍼팅은 또 속을 썩이는지, 후반 들어 연거푸 네 홀 보기를 했다. 어 이거 스토리가 달라지네?

후반 그늘집에서 다시 한 번 생각을 해 보았다. '그렇다. 오늘 18홀을 마칠 수 있는 것만 해도 다행이라고 생각하지 않았는가?' 나머지 네 홀이라도 분수에 맞게 얌전히 치기로 결심을 하였다. 다시 초심으로 돌아가 드라이버는 짧더라도 똑바로, 세컨 샷은 그린 중앙으로!

세 홀 연속 파 행진하고는 이제 거꾸로 매달아도 싱글 스코어는 되는구나 생각이 들자마자, 갑자기 욕심이 또 생겼다. 마지막 홀 티샷, 쉬잉 엄청난 훅! 에구에구 맘만 급해서 오른팔로 냅다 때려버렸다. 아이구 이 놈의 맘이 조석으로 변하더니 쯧쯧…… 그래도 다행히 그린이 보였고, 오늘 하루종일 잘 맞던 4W를 집어들었다. 회심의 일 타를 날렸으나, 다시 훅! 가드 벙커에 빠졌다.

여기서도 붙이면 파를 할 수 있다는 자신감으로 벙커 샷! 아이쿠 왜 이 중요한 때에 헤드업을 하는가? 형편없이 짧은 벙커 샷은 겨우 그린 엣지에 섰다. '이제라도 조심하자.' 첫번째 퍼팅 어드레스에 들어가며 몇 번이고 뇌까렸다. '인마! 골프에선 퍼팅 헤드업이 젤로 무서운겨.'

정신일도 하사불성이라, 원 피트짜리 남은 퍼팅은 OK.

후반 +5 생애 최초로 70대 스코어를 기록하였다. 아주 아슬아슬하게 79타로…….

그 날 얻은 교훈이 '분수에 맞게 과욕하지 않으면 의외로 좋은 스코어가 나온다' 였다.

그런데 그 사실을 알고 난 후 다시 이 기록을 갱신하는데 무려 1년이나 더 걸렸었다. 골프란 바로 그런 것이다.

잘 가르치며 잘 배운다. 상생(相生)의 멘토링

지난 달에 9홀 라운드를 하려고 혼자 퍼브릭 코스에 간 적이 있다. 마침 코스가 한가하여 다른 손님 한 사람과 단 둘이서 라운드를 할 수 있었다. 그는 건장한 체격의 40대 초반 남성 J씨였는데, 첫 홀 티샷이 어찌 그리 잘 맞았는지 남의 플레이에 별로 위축되지 않는 내가 뜨끔할 정도였다. 스윙도 시원시원한 장타자였지만, 자세히 보니 구력이 짧아 안정감은 조금 떨어지는 듯했다. 첫 홀을 마친 후 그는 정중한 자세로 말을 걸어왔다.

"제가 볼은 멀리 치지만, 어려운 분을 모시고 제대로 배우지를 못해 골프가 엉망입니다. 그러니 혹시 결례를 하더라도 너그러이 양해하여 주십시오."

나는 속으로 '이 양반이 사람은 볼 줄 아는구먼' 하고 생각하며, 어차피 대통령 라운드처럼 앞뒤로 아무도 없는 한가한 상황이니 열심히 가르쳐 주어야겠다고 마음먹었다. 또 나는 그가 빠른 시일 내에 크게 발전할 것으로 믿었다. 그의 태도로 보아 곧 멘토(Mentor)를 찾게 될 것이기 때문이다.

그에게 플레이의 선, 퍼트의 선을 설명하며 동반자가 쾌적하게 경기에 집중할 수 있도록 예의를 갖추는 것부터 각종 규칙, 트러블 샷 요령, 프리샷 루틴의 중요성, 퍼팅의 요령, 어프로치의 일관성 유지 방법 등을 정성껏 가르쳐 주었다. 라운드 후 고마워하는 J씨를 보며 골프 문화 일등 선진국이 되려면 많은 사람들이 골프장에서도 이렇게 후배들에게 모범을 보이는 멘토가 되어야 하겠다는 생각을 했다. 사실 우리 주변에 골프를 잘 치는 사람과 내기 골프에 강한 사람은 무척 많지만, 존경받을 만한 성숙한 골퍼의 숫자는 그리 많지 않기 때문이다.

고려청자를 만든 소중한 기술이 후계자에게 전수되지 않아 더 이상 만들 수 없었다는 이야기를 들었다. 경쟁이 심한 탓인지는 몰라도 요즈음에는 회사에서 후배 직원에게 노하우를 알려 주지 않거나, 또 부하에게 절대로 중요한 일을 맡기지 않는 청기와 장사 같은 사람들이 많이 있으며 심지어는 부하 직원이 성장하지 못하게 치사한 방해공작까지 하는 간부들이 있다고 한다. 그러나 아무리 발버둥쳐도 얼마 차이는 있을지언정 결국 그 자리를 떠날 수밖에 없을 텐데⋯⋯ 경영자나 임원, 간부들이 멘토가 될 때 회사는 모두가 함께 성장하는 좋은 일터가 되고, 직원들의 충성심과 생산성은 더욱 커질 수밖에 없다.

멘토라는 말의 기원은 그리스 신화에서 나온다. 오디세우스란 사람이 트로이 전쟁을 떠나면서 자신의 아들인 텔레마코스를 한 친구에게 맡겼는데, 그 친구 이름이 바로 멘토였다. 멘토는 텔레마코스의 선생님이자, 상담자, 친구, 때로는 아버지가 되어 그를 돌봐 주었다. 이후로 리더쉽 이론에서 한 사람의 인생을 이끌어 주는 지도자를 멘토라고 부르게 되었다. 통상적인 사제 관계, 군대 시절 사수, 조수의 관계는 멘토와 멘토리(mentoree)의 관계와 차이가 있다. 우리가 흔히 좋은 멘토링의 모델로 예수님과 열두 제자, 모세와 여호수아, 바울과 디모데 등을 꼽는데, 좋은 멘토링이야말로 경영에서나 골프에서나 모두가 함께 승자가 되는 상생의 길이다.

내 자신을 돌이켜 보면 경영자로서 스태프들에게 좋은 멘토가 되었을 때 회사 실적은 무척 좋았었고, 골프 동호회 후배들에게 좋은 멘토가 되려고 노력하였을 때, 코치로서 상담자로서 또는 인도자로서 모범을 보이는 역할을 하면서 내 자신의 골프도 많이 성숙해졌다. 좋은 멘토가 되기 위해서 연구하며 스스로 훈련하였더니 어느새 컬럼니스트가 되어 전문가 같은 대우를 받게 되었고 골프장 경영자의 자리를 맡기도 하였다.

대학 시절 아르바이트 과외 선생할 때, 영어를 지도하면서 나의 실력이 크게 발전하였던 기억이 생생하다. 우리 옛말에도 '가르치며 배운다' 고 하였다.

골퍼들이여, 모름지기 좋은 멘토가 되어 보시라. 초보자들이 여러분들의 좋은 본보기를 배워 잘 성장할 것이며, 멘토가 된 여러분들은 실력자가 되고 더욱 성숙한 골프를 하게 된다. 결국 진정한 보람과 열매는 베푸는 멘토에게 먼저 생기는 법이다. 후배들을 잘 이끌어 주는 진정한 멘토들이 많이 생길 때에 우리의 문화는 한층 더 성숙하게 될 것이며 이 땅의 모든 골퍼들이 더욱 행복한 골프를 맛볼 수 있으리라고 생각한다.

● 왕짜 골법 6 ●

진행도 핸디캡, 초보자는 서러워도 뛰어라

대기업 임원 S는 친구와 동료 사이에 아주 인기 있는 인물인데 골프 라운드에서는 기피 인물이 되었다. 왜냐하면 그는 항상 100타를 넘고 매번 2~3번의 연습 스윙을 하고 또 꼭 퍼팅하기 직전에 장갑을 벗는 슬로우 플레이어이기 때문이다. 그래서 그는 사회적 지위나 인품에 비해 골프 초청을 받는 횟수가 무척 적다. 또 여간해서는 상급자들이 불러주지 않아서 거의 매번 하수들끼리만 자리를 같이하게 된다.

전세계 골프장의 공통적인 골치거리는 슬로우 플레이의 문제이다. 그래서 골프 규칙 제1장 에티켓에, '모든 사람을 위하여 플레이어는 지체 없이 플레이하여야 한다' 라고 플레이 속도의 규정을 두고 있으며 모든 골프장의 스코어 카드에는 슬로우 플레이를 배격하자는 권고문이 적혀 있는 것을 보게 된다.

　우리나라의 많은 골프장은 아직도 티타임을 6분 간격으로 하는 경우가 대부분이다. 그것은 파 4홀을 기준으로 앞팀이 세컨 샷을 마치자마자 티샷을 하고, 앞팀이 그린을 떠나면 즉시 온그린을 위한 샷을 할 수 있는 간격이다. 18홀 한 라운드를 물 흐르듯 플레이를 하면 약 4시간이 소요된다. 이때 그늘집에서 취하는 휴식 시간과 홀 간 이동 시간을 빼면 순수하게 플레이를 하는 권장 시간은 9홀당 108분 정도로 파 4홀의 경우 홀당 12분이 된다.

　모든 골퍼는 샷 또는 퍼팅을 하기 전에 일정하게 일련의 준비 행동과 단계를 취하는데 프리샷 루틴 후에 샷을 할 때까지 대략 20~30초가 걸리며 초급자의 경우에는 더 시간이 길다. 같은 12분의 시간을 놓고 상급자 4인 1조와 초보자 4인 1조의 시간 사용을 살펴보면 다음과 같이 차이가 심하게 난다.

　　티잉 그라운드
　　싱글 4인 × 20초 = 80초
　　초보자 4인 × 25초 = 100초
　　스루더그린 (페어웨이 샷 등)
　　싱글 4인 × 1.5 회 × 20초 = 120초
　　초보자 4인 × 2.5회 × 24초 = 240초
　　그린에서 퍼팅
　　싱글 4인 × 2.0회 × 20초 = 160초
　　초보자 4인 × 2.5회 × 20초 = 200초

계 : 싱글조 360초 (6분), 초보자조 540초 (9분)이 소요됨.

　동반자가 플레이를 하는 동안 전방으로 걸어나갈 수는 없으므로 파 4홀 약 400미터를 걷는 데 모두 6분이 소요된다. 따라서 싱글조 4명이 플레이할 경우에는 12분에 쾌적한 플레이를 할 수 있으나, 초보자의 경우에는 3분이 더 걸린다. 따라서 한 타라도 더 치는 초보자의 경우에는 규정된 12분에 플레이를 하기 위하여 불가피하게 다음과 같은 조치를 취하여야 한다.

1. 걷는 시간을 줄이기 위해 서럽지만 일단은 뛰어야 한다.
2. 불필요한 연습 스윙을 줄인다. 하더라도 꼭 1회 이상은 하지 않는다.
3. 즉시 샷과 퍼팅을 할 수 있도록 항상 자기 차례를 준비하고 있어야 한다.

한 홀에서 1분씩 플레이가 지연된다면 18홀을 마칠 때 18분이 지연된다.

이것은 슬로우 플레이어 1명 때문에 6분 간격으로 4인 1조 즉 12명의 골퍼가 플레이할 기회를 잃는다는 계산이 나온다. 만약에 당신이 12명의 그린 피를 추가로 더 부담한다면 매홀당 1분씩 늦어도 좋다는 논리가 된다. 그렇지 않다면 초보자는 뛰어서라도 시간을 맞춰야 한다는 것이 동반자나 다른 플레이어에 대한 바른 골프 매너이다.

다 바꿔라 다 바꿔

S그룹 L회장이 몇 년 전 그룹회의 때에 "혁신적인 변화를 위해 마누라 빼고는 모두 바꾸라"는 말을 하였고, 각 신문에서 대서 특필을 하기도 했다. 항상 변화와 1등을 추구하는 S그룹으로서는 뉴 밀레니엄을 대비한 시기 적절한 캠페인이었기에 많은 사람들이 공감하였던 것으로 기억한다.

S레저 K사장은 H골프장과 D골프장의 클럽 챔피언 출신으로 50 후반의 나이에도 수시로 언더파를 치는 아마추어 최고수이다. 그의 스윙은 주저함 없이 호쾌해 평균 250야드 이상을 치는 대단한 장타자이다. 어느날 나와 라운드를 할 때에 전반을 버디 4개 보기 1개, 33타로 마무리한 그가 10번 도그레그 홀을 가로지르다 티샷이 실수와 불운이 겹쳐 평소 좀처럼 하지 않는 OB가 되었다. 그러나 그는 OB 특설 티에서 아이언 샷을 핀에 붙이더니 원 퍼트로 마무리하여 보기로 막

았다 (OB 후 버디).

그 후 파와 버디를 번갈아하던 K사장이 의외로 또 하나의 OB를 내면서 더블보기를 기록하였다. 다음 홀 티샷을 앞두고 그는 볼, 장갑, 티를 모두 다 바꾸었다. 지난 홀의 좋지 않은 기억을 떨쳐 버리고 새로운 기분으로 시작한다는 뜻으로 그가 큰 실수를 한 홀에서는, 클럽을 제외하고 모두 바꾸며 그것은 꽤 오래된 습관이라고 했다. 골프는 멘탈 게임이라 조금이라도 찜찜한 상태에서 플레이를 한다면 그 결과가 좋지 않고 때로는 다음 홀까지 나쁜 여파가 미치게 되는 경우가 허다하기 때문이라고 했다.

나도 그와 비슷한 습관을 하나 가지고 있다. OB, 워터해저드 등 벌타의 사고를 친 경우 그 볼은 그 라운드에서는 다시 쓰지 않는다. 또 쓰리 퍼트를 한 경우나 더블보기 또는 연속보기를 했을 때 기분 전환으로 꼭 볼을 바꾼다.

또 하나의 습관은 세컨 샷에서 OB같이 중대한 실수를 하였을 경우에는 꼭 클럽을 바꾼다. 중대한 미스 샷을 한 후에 똑같은 클럽을 잡는 것은 언제나 피한다. 같은 클럽으로 또 똑같은 실수를 할 가능성이 있기 때문이다. 골프는 대체로 실수가 연속되어질 때 허물어지기 때문에 실수는 한 번으로 막도록 최선을 다해야 한다.

초보자들의 경우 티샷을 실수한 후에 거리를 조금이라도 만회하여 보고자 쉽지 않은 라이에서 우드를 쓰다가 토핑을 한 후에, 계속해서 같은 클럽으로 몇 번의 비슷한 실수를 하여 OB없이 네 번 다섯 번째에 온그린시키는 장면들을 흔히 볼 수 있다. 바로 그 전 홀까지 평소보다 좋은 성적을 내고 있었기에 욕심을 다스리지 못하고 또 작은 것에 대한 미련을 버리지 못한 까닭에 아까운 타수를 낭비하는 장면을 연출하게 된다.

나는 필드에서 후배들을 지도할 때에 그들이 중대한 실수를 한 후에는 꼭 다루기 쉬운 미들 아이언 또는 숏 아이언으로 탄도 높이 붕떠서 창공을 날아가는 샷을 하도록 권한다. 토핑이나 뒤땅치기와 같은 실수 다음에 남게 되는 마음의 앙금을 털어내기에는 높이 떠서 잘 날아가는 샷 한 방이 꼭 필요하기 때문이다.

내가 매일 그들에게 들려주는 주문은 "7번 아이언 이하만 잘 쳐도 싱글 문턱까지 갈 수 있다. 절대로 실수 후에 무리하지 말라. 다루기 쉬운 채로 바꿔서 높이 쳐라" 이다.

골프는 새로운 기분으로 새롭게 다시 출발할 때 지난 실수의 멍에를 벗고 앞으로 전진할 수 있다. '새 술은 새 부대에 담으라' 는 말씀처럼 과거의 실수를 털고 새로 치는 중요한 한 샷을 위하여 자신이 가장 마음이 편하고 신뢰할 수 있는 쉬운 클럽을 선택하는 것은 지혜로운 결정이다.

"다 바꿔라 다 바꿔."

이것은 심기일전에 매우 도움이 되는 중요한 전략이기도 하다.

농사에서 배우는 골프 형통 비결

　　　　　　　　　　　　　　　　　　　새해가 되면 모두
새로운 마음으로 계획을 세우고 또 좋은 덕담을 나눈다. 몇 년 전 BC 카드 회사에서 "부자 되세요"라는 구호로 크게 히트한 적이 있고, 골퍼들 사이에서는 "싱글 핸디 되세요"가 좋은 덕담인데, 나는 오늘 새해의 첫 컬럼으로 사랑하는 독자들께 '훌륭한 부자와 골퍼가 되는 농작의 법칙'을 소개하고 싶다.

　인류 역사상 최고의 베스트셀러는 성경이다. 3여 년 전에 골프스카이에 컬럼을 처음 쓸 때에 나는 마인드컨트롤을 배우려고 성경 공부하다가 교회를 찾게 된 초짜배기 신자였다. 그 후 성경을 통하여 골프에 대한 지혜를 많이 발견하고 배우게 되었는데, 최근에 우리 교회 강모 목사님의 책을 통해 알게 된 농작의 법칙을 형통의 원리로 소개하고자 한다.

지식의 법칙

농부는 농사하는 데 필요한 지식에 탁월해야 한다. 마찬가지로 우리는 일하고 있는 분야에 탁월한 지식을 소유해야 한다. 회사 경영에는 제품의 성능, 상품성, 회사의 능력, 시장 상황과 전망 등 여러 조건과 환경을 상세히 알아야 하는 것처럼 골프에서는 꼭 필요한 룰과 에티켓, 자신의 능력, 구질, 장비 등을 잘 알아야 한다. 잘 알지 못하면서 자신의 능력 수준을 무시한 채 마음만 앞서 다루기 힘든 클럽, 적당치 않은 볼, 현명치 못한 전략을 고집한다면 좋은 결실을 맺기 어렵다. 룰을 몰라서 손해를 볼 수도 있으니 무조건 잘 아는 것이 확실한 힘이 된다.

시기의 법칙

농부는 사계절 때를 잘 알아야 한다. 인생과 골프에서도 승리하는 비결은 때를 분별할 줄 아는 지혜이다. 모든 일에는 때가 있어 심을 때가 있고 거둘 때가 있다. 특별히 초반에 좋은 씨앗을 많이 심어야 한다. 그래야 후일 많은 열매를 맺게 되기 때문이다. 성공한 거부들과 훌륭한 골퍼들은 어려움의 때를 형통의 기회로 삼고, 다른 사람들이 다 포기하고 떠난 자리에서 당당히 성공을 이룬 사람들이다. 버디를 잡겠다고 허겁지겁 덤비다가 더블보기하고 후회하는 적이 얼마나 많은가? 연속되는 위기에서도 낙심하지 않고 기다렸더니 반전이 된 경우도 많지 않은가? 과감하게 버디를 노리는 홀도 있어야 한다. 그러나 또 조용히 보기를 수용해야 하는 홀도 있다.

정직한 투자의 법칙

좋은 씨앗을 많이 심고, 좋은 일을 많이 해야 한다. 나쁜 씨앗을 심고도 좋은 열매를 맺을 것이라고 생각하면 안 된다. 좋은 사람들과 일을 해야 회사 성과가 커지고, 좋은 동반자들과 라운드해야 즐거움이 커지며 실력 있는 골퍼들과 어울려야 실력이 발전한다는 점이다. 심은 양에 따라 거두는 것이 투자의 법칙이니 곧 적게 심은 자는 적게 거두고 많이 심는 자는 많이 거둔다. 적게 심고, 즉 레슨은 전혀 받지 않고 상급자들의 점검도 받지 않으며 또한 연습도 게을리하면서 매번 필드에 나올 때마다 좋은 성적을 기대할 수 있을까? 모름지기 지혜로운 투자를 많이 해야 좋은 수확을 많이 거둘 수 있는 법이다.

인내의 법칙

농부에게 중요한 것은 성실한 자세이다. 땀과 눈물로 씨앗을 뿌리고 가꾸는 마음이다.

눈물을 흘리며 씨를 뿌리는 자는 기쁨으로 거두고, 울며 씨를 뿌리러 나가는 자는 정녕 기쁨으로 그 단을 가지고 돌아온다. 따라서 심은 것을 성실하게 가꾸고, 심은 것이 열매를 맺기까지 기다리는 인내가 필요하다. 조급하지 말아야 한다. 또 낙심을 하지 말아야 한다. 농부들에게는 믿음과 확신이 있다. 심은 것보다는 많은 것을 거두게 된다는 것 또한 마침내 이루어진다는 것을 알기에 절제할 줄 안다. 모든 아름다운 열매는 인내 속에서만 꽃핀다.

세계 정상급 선수가 된 최경주 선수를 보면 성실한 인내가 열매를 맺는다는 것을 느끼게 한다. 초반 몇 홀에서 잘못 되었다고 포기하면 안 된다. 최후에 웃는 자가 승자이다.

　여러분의 시작은 비록 미약했을지라도 인내를 통해 그 나중은 심히 창대하게 되리라.

● 왕짜 골법 9 ●

골프 氣·基·技·記

                                               2월 초 D일보 K국장이
쓴 '직장인 성공법 氣·基·技·記'라는 글을 읽었다.
  상당히 좋은 컬럼으로 내 가슴에 와 닿았다. 그 글에서 그 분은 낙타가 바늘 구멍을 통과하듯 어려운 여건에서 취업한 신입 사원 젊은 이들에게 다음과 같은 교훈적인 이야기를 하였다.

  氣를 살려라 : 어려운 일이 닥치더라도 젊은 기개로 극복하라.
  基를 다져라 : 조직의 기본을 익히고 다질수록 튼튼해진다.
  技를 연마하라 : 각종 기술을 익혀서 일을 깔끔하게 신속히 처리하
              는 기능을 갖추라.
  記를 잘 하라 : 지식, 아이디어, 업무일지 등 항상 메모하고 정리하
              라.

평소에 내가 골프와 연결하여 많은 생각을 하였던 부분과 맥을 같이 하고 있어서 골프 측면에서 살펴보기로 한다. 골퍼들은 대체로 다음의 네 가지 그룹으로 나뉘는데 이 분류는 몇 년 전 미국에서 나온 것이다.

▌氣(Swashbuckler) : 모 아니면 도, 언제나 돌격 앞으로 강타자형
카리스마가 있는 장타자들이 대체로 氣골퍼이다. 그들의 플레이는 보기에 시원하여 프로 선수들의 경우에는 스폰서들이 많이 붙고, 아마추어들도 동반자로서 호평을 많이 받는다. 아놀드 파머, 그렉 노먼, 존 댈리, 로라 데이비스 같은 선수들이 해당되는데, 다른 선수들에 비해 스코어가 다소 기복이 큰 것이 흠이다.

▌基(Technician) : 기초가 튼튼한 또박이형 스윙 기술자
모범적인 스윙과 기술을 갖춰 기본이 안정된 基골퍼이다. 이들의 스윙과 플레이는 교과서 같아서 많은 아마추어들이 닮고 싶어하는데, 비제이 싱, 어니 엘즈, 닉 팔도 같은 선수들이 여기에 해당되고, 다른 선수들에 비해 스코어의 기복은 적고 안정적이나, 스윙 감각이 흐트러졌을 때 회복 속도가 느린 것이 흠이다.

▌技(Stylist) : 샷을 창조하는 예술가형
창의적인 플레이를 잘 하고 예술 같은 샷 메이킹을 잘 하는 技골퍼이다. 이들의 플레이는 매우 아름답고 인상적인데 필 미켈슨, 가르시아가 대표적인 선수이다. 아마추어들은 이들의 트러블 샷, 숏게임을

따라 하고 싶어하는데 하급자가 따라 하면 대개 사고치기 십상이다. 위기에서 극적인 탈출을 잘 하고 낮은 스코어를 잘 내기는 하지만, 스코어의 기복이 다소 있다.

▌ 記(Strategist) : 70점짜리 샷만 계속해도 1등 한다는 전략형

모든 것을 데이터에 의해 성공확률에 따른 전략을 세우는 記골퍼이다. 이들은 스윙의 기술 요소나 창의적인 샷 메이킹에는 그다지 관심이 없고 통계와 기록에 따라 전략을 세우고 일관성있는 안정된 플레이를 추구한다. 평생 그린 중앙을 향해 샷을 하였다고 하는 잭 니클러스, LPGA 여자 황제 애니카 소렌스탐, 저스틴 레너드 등이 대표적인 전략 골퍼로 보인다. 이들은 매우 안정적인 플레이를 하지만 전

략이 크게 차질을 빚을 때에 다소 무력해질 수 있다.

그렇다면 실제로 세계 1위인 타이거 우즈는 어떤 그룹에 속할까?
내 생각으로는 그가 氣골퍼이지만, 基·技·記를 골고루 갖춘 유일한 현역 선수로 보여져서 위의 분류에 포함시키지 않았다.

나는 모든 골퍼들에게 묻는다. "당신은 어느 그룹에 속합니까?"
한 골퍼가 氣·基·技·記 능력을 모두 갖춘다는 것은 거의 불가능하다고 생각된다. 그러나 어느 그룹에 속하든지 자신의 스타일과 강점을 알고 그것을 더욱 발전시키는 한편, 급한 대로 취약한 부분을 조금만 보완한다면 그것만으로도 빠른 시간에 아주 효과적으로 실력을 향상시킬 수 있을 것으로 여겨진다.

동반자도 챙겨야 내가 산다

중견출판사 R사장과 저녁 식사를 할 때, 그가 작년 말에 큰 금액의 어음을 부도 맞아 위기를 극복하느라고 고생을 직사게 했다는 이야기를 들었다. IMF시대 전후하여 수많은 회사들이 쓰러졌다.

화재와 같은 커다란 사고의 어려움을 딛고 재기에 성공함으로써 그 시련을 잘 극복한 케이스도 있다. 그렇지만 받은 어음을 부도맞고 대처하지 못해 어려운 상황에 놓이고, 결국 남의 잘못으로 인해 억울하게 쓰러지고 재기하지 못하는 경우도 많았다.

10년 전, 대학 동창생 J는 큰 무역업체 미국 지사의 중역으로 근무를 하였다. 싱글 핸디캐퍼였던 그는 LA 근무 덕에 라운드도 자주 할 수 있었고 매너도 좋아, 그와 라운드를 할 때면 적당한 긴장까지 겹쳐 아주 박진감 있는 경기를 하였던 기억이 새롭다. J는 남미 국가로부터 수출대금을 받지 못한 죄로 회사를 떠나게 되었고, 퇴직 후에 자본 참여한 사업이 실패하자 절망감에 사로잡혀 스스로 세상을 버렸기에 그의 생각이 날 때마다 두고두고 가슴이 아프다.

N신용보험중개 S사장은 최근 내가 틈틈이 골프와 사업 그리고 인생을 조언해주는 후배인데, 그에게 "자네 같은 사람이 한 10년만 빨리 나타나 활동하고 위험관리를 해 주었더라면, 내 친구나 또 그 동안 쓰러져간 많은 기업인들 중에서 상당수는 자네처럼 지금껏 행복하게 골프도 즐길 수 있었을 텐데"라고 말한 적이 있다. 회사 경영에서나 골프에서나 남의 잘못으로 인해, 또 순간적인 판단 실수나 관리 부족으로 허무하게 쓰러져간 사례들을 흔히 볼 수 있기 때문이다.

어렸을 때 동네 골목에서 공놀이하다가 친구가 실수로 옆집 유리창을 깼다. 친구는 혼비백산하여 도망을 갔고, 나는 차마 함께 도망할 수 없어서 그 자리에 남았다가 주인으로부터 심하게 야단맞고 머리에 꿀밤도 몇 대 터졌다. 남의 잘못으로 꿀밤을 맞고 보니 여간 억울한 것이 아니어서 그때 그 친구를 많이 원망했었다.

K사장은 동창생인 골프 라이벌 P교수와 엄정한 룰에 따라 자존심이 걸린 한판 승부를 벌이고 있었다. 그날 K사장은 회사 임원 S상무를 동반하였다. 핸디캡이 높고 또 비거리가 다소 짧은 S상무가 늘 먼저 세컨 샷을 하게 되었다. 15번 홀 티샷을 K사장 S상무 모두 페어웨이 한복판에 멋지게 날렸다. 한층 사기가 오른 K사장은 스트로크 내기에서 라이벌 P교수에게 딴 만원권 지폐로 두둑해진 지갑을 만져보며 또 나머지 네 홀을 파로 마무리할 수 있다면 평생 처음으로 언더파를 칠 수도 있다는 기대감에 부풀어 있었다. S상무와 K사장의 티

샷은 비슷한 위치에 떨어졌고, 여느 홀과 마찬가지로 S상무가 먼저 세컨 샷을 하였다. 이어 K사장은 10야드 정도 더 나간 볼을 쳤고, 멋지게 온그린시켰다.

그린 근처에서 S상무가 어프로치 후에 온그린된 볼을 마크하고 집으면서 깜짝 놀라 소리쳤다.

"앗, 사장님, 볼이 바뀌었네요."

두 사람이 같이 T볼을 썼고, S상무는 늘 자기 거리가 짧았기에 가까이 있던 볼을 자기 것으로 생각해서 먼저 세컨 샷을 한 것이고, K사장은 S상무가 먼저 샷을 했기에 당연히 멀리 나간 볼을 자기 것으로 생각하고 세컨 샷을 했다. 동반자의 실수와 잠깐의 방심으로 오구(誤球) 플레이를 하게 된 K사장은 2벌타를 스스로 선언하였다. 순식간에 언더파의 꿈도 사라지고, 그 좋았던 경기 흐름도 한순간 망가지고 부풀었던 지갑도 바람이 푹하고 빠져 버렸다. 이후 졸전을 벌이던 그는 겨우 70대 후반을 기록하는 스코어에 만족해야만 했다.

몇 년 전 프로테스트에서 한 사람이 매우 늦게 플레이하여 조 전체가 벌타를 먹고 전원 탈락했다고 한다. 골프는 마인드 게임이라 그런 유사한 경고를 받기만 해도 심리적으로 안정된 플레이를 하기가 어렵다. 골프는 물론 본인 책임으로 본인이 우선 잘 쳐야 한다.

그러나 언제나 동반자나 경쟁자가 있으므로 항상 동반자까지 포함하여 위험관리를 잘 해야 한다. 열심히 잘해 놓고 동반자의 실수로 내가 무너져서야 되겠는가? 그렇다면 그것은 너무 억울한 일이다.

빨리 털어야 짐을 벗는다

흑인 여성으로 타임지 선정 20세기의 영향력 있는 인물 100명에 뽑힌 미국 토크쇼의 여왕 오프라 윈프리는 사생아로 태어나 9살 때 강간을 당했고, 이후로 많은 어른들로부터 성적 학대를 받았다. 겨우 14살에 미숙아를 사산했고, 20대 초반에는 남자 때문에 마약을 상용한 어두운 과거를 가지고 있었다. 그러나 그녀는 불행했던 과거를 청산하고 자신의 재능을 살려서 토크쇼의 1인자가 되었다. 많은 사람들이 그녀의 어두운 과거를 들먹일 때, 그녀는 이렇게 이야기했다.

"저는 문제가 생기면 그것을 기회로 여깁니다. 무슨 일이 닥쳐도 삶이 아무리 힘들어도 저는 괜찮습니다. 저는 항상 희망을 품어 왔습니다."

세계적인 테너 가수 안드레아 보첼리는 12세 때 축구를 하다 사고로 실명한 후 공부를 하여 변호사가 되었다. 그러나 오페라 가수가 되고 싶은 그의 꿈을 버리지 못하고 20세가 넘어 성악을 공부하여 결국 뜻을 이루었다. 그는 "내가 실명한 일에 대해 안타깝게 생각하는 시간은 1시간이면 족하고, 새로운 환경에 적응하기 위해서는 1주일이면 족하다"라고 말했다. 이 두 사람의 공통된 메시지는 '어두운 과거는 빨리 청산할수록 좋다' 는 것이다.*)

세상에는 자신의 불행한 과거를 청산하고 좋은 성과를 이룬 사람들과 위인들이 참 많다. 그런데 또한 아주 작은 것에 얽매여서 뒤돌아보고 또 돌아보며 안타까워하고 그것에 사로잡혀 일을 그르치는 경우가 우리네 인생에 다반사로 일어나기도 한다. 나는 오늘 나의 부끄러운 경험을 소개함으로써 다시 한 번 반성하고 또 골퍼들에게 타산지석의 사례로 남기고자 한다.

얼마 전 J골프장 동문 골프 모임에서 싱글 핸디캐퍼인 후배 3명과 한 조로 라운드를 하였다. 초반에 몸들이 잘 안 풀린 후배들이 헤매고 있는 동안 또 심한 소나기가 내렸지만 나는 파 위주의 견실한 플레이를 하고 있었고, 그 결과 만원짜리 스트로크 내기에서 상당히 짭짤한 수입을 올릴 수 있었다. 5홀을 마치고 그늘집이 있었지만, 앞팀과의 간격이 벌어져서 쉬지 않고 그냥 진행하기로 했다. 아너인 내가 파 5홀의 티잉 그라운드에 올랐을 때 약 100미터 전방에서 잔디를 깎는 차량이 티잉 그라운드 쪽으로 오고 있었다. 당연히 멈출 것으로 기대했는데, 계속 다가오는 것이었다. 앞팀이 써드 샷 지점에 있었기

---

*)「생명의 삶」8월호에서 일부 인용.

때문에 캐디는 '치세요' 하고 주문을 하였다. 할 수 없이 티샷을 하기로 마음을 먹었을 때 차는 전방에서 방향을 바꾸어 페어웨이 정중앙 방향으로 위치하고 있었다. 볼은 마지막 시선이 가는 곳으로 간다는 말처럼 나의 볼은 70미터 전방의 잔디깎이 차량을 정확히 맞추고 그 자리 러프에 툭 떨어졌다. 차량 운전자는 물론, 캐디까지도 사과는커녕 아무 말이 없었다.

"엄청난 비용이 드는 비싼 골프인데 고객에 대한 서비스가 이 정도 밖에 안 된다니!"

골프장의 손님 무시 행위에 무척 화가 났다. 마음의 평정을 잃은 나는 두어 번 부실한 샷을 하더니 오비 한 방 없이 그 홀에서 트리플 보기를 범하였고, 마침 후배들은 버디와 파로 마무리하여 다섯 홀의 흑자가 한순간에 적자로 돌아서게 되었다. 나는 평상시 고객을 무시하는 골프장과 직원, 종사자들의 태도에 대하여는 불만을 표출하는 편이고, 잘못된 것은 꼭 지적해서 시정하겠다는 다짐을 받아야 직성이 풀리는 사람이다. 전반 9홀을 마치고 진행 팀에 그런 이야기를 했지만 책임 있는 당국자는 보이지 않았다. 결국 그 날 나는 비싼 그린 피 내고, 마음을 다스리지 못해서 핸디캡의 두 배나 치는 나쁜 성적을 올리고, 또 내기에서도 크게 져서 상처를 입었다.

나는 동반자 때문에 화가 나는 경우는 거의 없으나, 왕왕 고객을 무시하는 국내 골프장이나 관계자들을 만나면 멘탈 골프, 마인드컨트롤을 주제로 컬럼을 쓰면서도 화를 참지 못한다. 또 그로 인하여 망가지는 자신을 한탄하면서 즐겁지 못한 골프를 하는 경우가 이따금 있었다.

몇 달 전, 여주 C골프장 파 5홀에서 우리 팀이 플레이를 하고 있는 중에 잔디깎이 차량이 페어웨이를 누비며 위협(?)한 적이 있었는데, 우리 일행은 몹시 마음이 언짢았다. 신경이 무척 쓰여 집중할 수 없었고, 무례한 행동에 화가 난 결과 싱글 핸디캐퍼인 M은 12타 나는 8타, 둘이서 합계 20타를 쳤던 일도 있었다. 나쁜 일일수록 '빨리 털어야 무거운 짐을 벗는다'고 강조를 하면서도 내 자신은 예의에 어긋나는 골프장 측의 행태를 보면 화를 다스리지 못하는 어리석음 투성이였다. 이제는 무조건 그 상황에서 끊고 잊은 다음, 일단 플레이를 마친 후에 다시 골프장 관계자를 만나 시정을 촉구하여야겠다는 결심을 하였다.

어쩐지 눈에 뵈는 게 다르더라

핸디 6의 K는 홈코스 S골프장에서 최근 아주 특별한 경험을 하였다. 그린의 구석구석 손바닥 보듯이 경사를 알고 있는 그는 평소 퍼팅시에 캐디의 조언을 전혀 받지 않기로 유명하다. 그런데 화창한 어느 주말 낮시간에 플레이를 하면서 K는 매홀 캐디에게 의견을 묻지 않을 수 없었다.

"왼쪽으로 컵 한 개 만큼 볼까요?"

"경사를 많이 봐야 하겠지요?"

"2피트 가량 우측으로 꺾어지겠지요?"

평소 그의 퍼팅 실력을 아는 도우미가

"어라 오늘 이상하시네요. 저한테 다 물어보시고……"라고 의아한 듯 이야기하였다.

첫 홀에서 첫 퍼팅을 아주 짧게 친 K는 다음 퍼팅이 홀을 돌며 거우 들어가 파를 잡을 수 있었으나, 정중앙을 겨냥하였던 퍼팅이 약간 우측으로 치우쳐 나간 것이 조금 이상하게 여겨졌다.

"이상하다, 제대로 얼라인먼트를 한 것 같은데……."

둘째 홀에서는 세컨 샷이 1미터 남짓 핀에 붙어 완벽한 버디 찬스였으나, 볼이 홀 가장자리를 스치며 빠져 결국 버디는 사라지고 섭섭하게 파로 만족해야 했다. 그 후 K는 매홀 첫 퍼팅이 짧거나 경사를 많이 잘못 보거나, 또는 마무리 퍼팅이 아슬아슬 홀을 스치면서 그야말로 속뒤집어지는 라운드를 하게 되었다.

결국 한 라운드에 쓰리 퍼팅을 6번이나 하는 10년 간 최악의 기록을 세웠고, 짧은 5피트에서 쓰리 퍼팅을 한 적도 있어 평균 퍼팅 32개보다 여덟 개나 더 많은 40개의 퍼팅 숫자를 기록하였다. 망가진 퍼팅 외에도 그는 어프로치마저 일관성이 떨어져 핸디캡 2배나 치며 금년도 가장 나쁜 스코어를 세웠다. 그 좋은 날씨, 그 좋은 골프장 컨디션에…….

몸 컨디션이 완벽하게 좋았던 것은 아니지만, 그래도 이렇게 허물어질 정도는 아니었으며, 코스 공략과 마인드컨트롤에 문제가 있었던 것도 아니었다. 더구나 친구, 후배 사이인 동반자들과의 친선 라운드였으므로 마음 편하고 즐거운 라운드라고 생각했는데, 금년도 최악의 스코어가 나온 것이었다. 그것도 바로 홈코스에서…….

평소 K는 퍼팅 어드레스에 들어가기 전에 경사를 잘 파악하고, 퍼팅 라인을 아주 치밀하게 설계하는 골퍼였지만, 그 날은 아무리 열심히 보아도 확신이 서지 않는 것이었다. 짧은 퍼팅을 남기고도 퍼팅 라인이 좀처럼 입력되지 않는 것이었다.

또한 피칭 웨지의 마술사라는 그가, 어프로치로 먹고 산다는 그가, 어느 파 3홀과 파 4홀에서 홀까지 20~25야드 거리를 남기고 4타만에 마무리하여 더블보기를 하는 초보자와 같은 숏게임을 한 것이었다. 경사진 그린 바로 밑에서 뒷땅을 치는 실수를 하여 온그린조차 하지 못한 우스꽝스러운 일도 있었다.

이유가 무엇이었을까?

그런데 경험이 많은 도우미 B양이 이렇게 한 마디 물었다.

"회원님, 선글라스 돗수 바꿨어요?"

그렇다. K는 바로 전날 밤 돗수를 새로 바꾸고, 그 날 필드에서 처음 선글라스를 썼던 것이었다. 돗수를 바꾼 선글라스의 시각 차이를 그가 간과하고 있었다.

"맞아, 며칠 간이라도 착용을 해서 눈에 익혔어야 하는데……."

"어쩐지 눈에 뵈는 게 다르더라."

때늦은 후회였지만, 그래도 원인을 알게 되어 K는 기쁜 마음으로 집에 돌아갈 수 있었다.

● 왕짜 골법 13 ●

김프로와 닭장 박뽀로의 차이

　　　　　　　　　　　　　　　　　　소위 닭장 프로라고 자칭하는 박뽀로가 주니어 출신 김프로와 라운드를 하였다. 겨우 보기 플레이를 할까말까 하는 자기와 김프로는 무엇이 다른가를 비교하였고 그 요점을 아래와 같이 적었다.

　일반 아마추어가 눈여겨볼 만한 내용이라 공개하고자 한다.

　김프로 : 하체가 견고하고 상체가 유연하다.
　박뽀로 : 상체가 견고하고 하체가 흐물흐물

　김프로 : 시종일관 축을 유지
　박뽀로 : 축이란 게 왔다갔다~

　김프로 : 시선이 공을 뚫어지게 본다.

박뽀로 : 시선 불안정 이리저리 훑어본다.

김프로 : 그 자리에서 보디 턴이 잘 된다.
박뽀로 : 오른쪽으로 스웨이만 시원하게

김프로 : 왼팔 쭉 펴고 완전히 백스윙
박뽀로 : 돌지 않는 왼팔 굽히기만 잘 한다.

김프로 : 왼쪽 축 잘 고정되고 힘차게 스윙으로
박뽀로 : 축이야 있건 말건 팔로만 쌔리 팬다.

김프로 : 무릎 높이 일정하게 일관된 안정감
박뽀로 : 지루박 차차차 무릎 높이 들쭉날쭉

김프로 : 하체로 상체를 자연스레 리드하고
박뽀로 : 양팔로 상체, 하체 끌고 가듯 모두 리드

김프로 : 양 손바닥 모두 여자처럼 부드럽고
박뽀로 : 손바닥 거칠긴 곰 발바닥 못지 않다.

김프로 : 손목 잘 고정하여 큰 근육으로 스윙하고
박뽀로 : 양팔 위주 스윙에다 손목은 과다 사용

김프로 : 완벽한 피니시로 충분한 스윙 완성
박뽀로 : 치다만 피니시로 스윙은 엉거주춤

김프로 : 임팩트 때 머리는 볼 뒤에
박뽀로 : 임팩트 전부터 머리가 볼 앞에

김프로 : 다운스윙 때 그립 끝을 밑으로 쭉 끌고

박뽀로 : 카우보이처럼 오른손으로 그립을 옆으로 돌린다.

그러나 박뽀로는 자기의 문제점을 잘 알고 있기 때문에 머지않아 많은 것을 고치고 그의 골프는 한 단계 더 발전하리라 확신한다.

삼수갑산 가더라도 차분하게(No rush, No pain)

상급자들이 왜 비기너 또는 매너 나쁜 사람과는 볼 치기를 싫어할까? 적당한 내기를 통한 팽팽한 긴장감을 맛보기 어려워서이기도 하겠지만, 가장 중요한 것은 흐름을 끊는다는 이유 때문이다.

흐름이 끊긴다는 것은 무엇일까?

샷을 하기 전에 준비를 하고 실제 스윙을 마치는 순간까지 모든 골퍼들은 나름대로 일련의 규칙적인 행동 패턴이 있다. 소위 프리샷 루틴이라고 한다.

사람마다 다소 차이는 있지만, 프로 선수들을 포함하여 대체로 20초 정도의 샷을 구상하고, 마음을 다지며, 스윙을 실행하는 일련의 규칙적인 행위가 있는데, 프로와 상급자일수록 프리샷 루틴을 하지 않고서는 샷을 하지 못하는 경우가 더 많다.

플레이어의 마음 속에 확신이 서고, 가장 최적의 상태에서 샷을 할 때에 좋은 결과가 나오는 것은 자명한 일이다.

잭 니클러스도 이야기했듯이, 프로들의 경우 그런 확신이 서지 않으면 절대로 샷을 하지 않는다. 그런데 실제로는 그런 흐름이 마구 깨져 플레이가 흔들리게 되는 일이 자주 생긴다.

예를 들면,

1. 언제나 차례대로 샷을 하여야 한다.

자기 차례를 맞추어 준비를 하는데 어떤 경우에는 동반자가 볼을 찾지 못하고 "먼저 치시죠" 하고 권하는 데, 특히 볼을 찾기 위해 시간을 많이 쓴 경우에는 진행상 빨리 치게 되고 대체로 자기 차례를 지켜 샷을 했을 때보다 실망스러운 결과가 나온다.

2. 퍼팅의 경우도 마찬가지인데, 첫째 퍼팅을 마친 후에, 남은 거리가 동반자와 비슷한 상황에서 쭈빗쭈빗할 경우, 동반자들은 '내가 먼저 쳐야 하는가, 기다려야 하는가?' 망설이다가 다소 급하게 퍼팅을 하고 실패를 많이 한다.

3. 또한 그린 주변에서 어프로치를 남겨 놓고 서로 누가 먼저 하여야 할지를 결정하지 못하고 있다가, 동시에 샷을 하고 또 동시에 실수를 하는 경우도 허다하다.

4. 방금 홀아웃을 하고 파 3홀로 넘어왔는데, 앞팀에서 콜을 주는 경우, 미처 마음의 준비가 되지 않은 상태에서 다소 급한 마음으로 티샷을 할 때에 실수가 참 많이 나온다.

골프는 그 속성상 한순간의 실수 또는 마인드컨트롤의 부재로 엄청나게 내용이 망가질 수 있다는 것을 누구도 부인할 수 없다.

이와 같은 실수를 방지하려면, 때로는 매우 냉정해져야 한다.

전체적인 진행은 나 혼자가 아니라 동반자 모두의 공동 책임이라는 생각으로, 적어도 내 마음의 준비가 부족한 상태에서는 결코 샷을 하지 않고, 준비가 되었을 때에 비로소 샷을 해야 한다.

대학 후배인 B양은 자기의 샷을 준비할 때에는 절대로 서두르지 않는다.

어느 홀에서는 동반자인 N씨가 B양이 확신 부족으로 시간을 끌자 B양의 세컨 샷을 기다리지 않고 자기가 먼저 샷을 하다가 실수를 한 적도 있다.

내가 B양에게 그 홀 홀아웃을 하고 이야기해 주었다.

"자네는 뻔뻔해서 그 볼을 잘 친 거야."

그러나 샷을 마친 후에는 빨리 걷는다거나, 기타 불필요한 시간을 줄임으로써 전체적인 진행을 맞춰 주어야 한다.

어떤 경우라도 프리샷 루틴과 차례를 지켜 가면서 샷을 하는 것이 실제로는 타수도 줄이고 진행을 빠르게 하는 현명한 방법이다.

야구에서 평범한 플라이 볼을 수비수들이 서로 미루다가 놓칠 수 있는 것처럼, 순서가 불확실할 때에는 먼저 "제가 칩니다"하고 콜을 하는 것이 좋다.

하여튼 삼수갑산을 가더라도 프리샷 루틴과 차례는 지키는 것이 좋다. 절대로 서둘지 말아야 한다. 서둘면 실수하고 그 고통이 따르게 마련이다.

결론 : No rush, No pain.

● 왕짜 골법 15 ●

공군만으론 후세인과 빈 라덴 못 잡지

사내 골프대회를 목전에 둔 S과장이 걱정을 하면서 말을 걸어왔다.

"어쩌지요? 그 동안 시간이 없어서 연습을 하지 못하였고, 지금도 연습장에 갈 형편이 아닌데, 어떻게 하면 되겠습니까?"

"할 수 없지 뭐, 그럼 지상군이라도 잘 활용하게. 어차피 후세인이나 빈 라덴은 지상군이 잡는 것이니까"라고 이야기해 주었다.

미국의 공군력과 화력이 아무리 뛰어나도, 아프간 동굴 속에 숨어 있는 오사마 빈 라덴을 잡으려면, 꼭 지상군의 도움이 있어야 한다. 즉 육해공군의 합동 작전 수행이야말로 전쟁에서 이기는 제1 요건이다.

골프장에서 공군력이 뛰어난 골퍼는 아주 시원하다. 240~250야드의 페어웨이 가운데를 가르는 시원한 드라이브 샷. 그러나 이따금 엉뚱하게 민간 시설을 폭격하는 실수처럼 OB도 있게 마련이다.

함포 사격과 상륙 작전을 펴는 해병 해군력이 뛰어난 골퍼는 아주 화려하다. 숏 아이언으로 핀에 붙인다거나, 그린 주변에서의 멋진 로브 샷은 예술이다.

그러나 뭐니뭐니해도, 오사마 빈 라덴을 생포하거나 숨어 있는 후세인을 찾는 것, 적진에 승리의 깃발을 꽂는 것은 아무래도 지상군의 몫이다. 그래서 그린 주변에서 칩 샷과 퍼팅을 잘 하는 사람이 최후의 승자가 되기 쉽다.

막강한 공군력을 기르고 훈련하기 위해서는 엄청난 예산이 필요하다. 비싼 전투기 구입부터, 미사일, 고성능 폭탄 등 전부 돈 덩어리들이다. 또 연습장에서 얼마나 많은 시간과 돈을 투자하는가?

반면 해병, 해군력은 공군력보다는 훨씬 예산이 저렴하고 효율적이다.

그러나 뭐니뭐니해도, 국방 예산 덜 쓰고, 빈 라덴과 후세인을 잡는 것은 지상군의 임무이다. 퍼팅이야말로 연습장에 가지 않고, 집이거나 사무실이거나 어디서든 돈 들이지 않고 연습할 수가 있다.

결정적인 때의 퍼팅 성공, 그것이 전체 경기의 흐름을 좌우한다는 것은 골퍼라면 누구나 인정하지 않을 수 없는 사실이다.

공군력도 지상군이 뒷받침되어야 빛이 난다.

누구든지 퍼팅을 정복하지 않고, 우승한 프로를 보았으면 말해보라. 누구든지 퍼팅을 잘못하면서도 싱글 핸디캐퍼가 된 골퍼 보았으면 연락하라.

퍼팅의 소중함을 느꼈을 때, 그때 당신의 골프는 발전하고 빛이 난다.

울면서 후회해도……

　　　　　　　　　　　아마추어 골퍼에게는
첫 홀의 첫 티샷이 특별히 중요하다. 더구나 티잉 그라운드 주변에
갤러리들이 여럿 있을 경우, 대다수의 아마추어는 관중을 의식하게
마련이다.

　마음 편하게, 그저 짧더라도 똑바르게 보내기만 하면 되는데, 어떻
게 해서든지 인상 깊은 멋진 샷을 보여주려고 힘을 쓰다가 또는 동반
자들에게 기선을 제압하려는 욕심에서, 잔뜩 경직된 상태로 우스꽝
스러운 실수를 한다든가 또는 숲으로 산으로 날려보내는 경우를 많
이 보았다.

　설사 첫 티샷이 큰 실수였다 하더라도, 그것은 한 라운드 수십 개
의 샷 중에서 단지 샷 한 개에 불과한데 "난 안 돼, 오늘은 틀렸어" 하
면서 부정적인 마음으로 자기학대를 하기도 한다.

그런 부정적인 마음 상태에서는 곧바로 좋은 샷이 나오기가 어렵다. 결국 몇 차례의 좋지 않은 샷과 퍼팅으로 쉽게 더블보기, 트리플보기로 전반을 시작하게 된다.

주말 골퍼들 중에는 이쯤 되면 이미 반쯤은 포기 상태에 들어가는 사람도 나온다. 그래서 최선을 다 하는 경기가 아니고, 그저 끌려가는 식의 경기를 몇 홀 하게 되는 셈이다.

그러나 '될 대로 되라' 는 기분으로 툭툭 치고 다니다 보면 핸디캡은 골프장 안에 있게 마련인지, 때로는 뜻하지 않게 좋은 성적이 후반에 나오기도 한다.

이런 경우 대부분 '조금 더 신중하게, 최선을 다 하였더라면······ 아까 몇 홀에서 포기하지 않고, 스트로크를 낭비하지 않았더라면' 하고 후회를 하여 본 경험들이 많으리라. 그것이야말로 대중가요 같은 '울면서 후회하네' 이다.

얼마 전에 어느 인터넷 대학모임 동호회장을 맡고 있는 대학동기생 한 손 싱글 C사장과 라운드를 하는 도중에, 나의 게임이 풀리지 않아 고생을 심하게 하는 것을 보고 C사장이 이런 이야기를 하였다.

"얼마 전 첫 홀에서 트리플보기를 하고, 둘째 홀에서 더블보기를 하니 두 홀에서 이미 핸디캡을 다 써 버렸지요. 앞이 깜깜했으나 포기하지 않고 한 샷, 한 샷 최선을 다 하였더니, 버디 한 개를 포함하여 나머지는 모두 파를 기록하고 최종적으로 4오버파의 좋은 기록을 낸 적이 있습니다."

나중에 울면서 후회하기 싫다면, 터진 돈을 누가 대신 물어주는 것도 아니니까 전반에 안 될 때에도 절대로 포기하거나, 타수를 낭비하지 말아야 한다. 끝까지 참고 기다리는 인내심이 필요하다.

훌륭한 골퍼는 트러블 속에서 잘 인내한다고 믿는다.

'지금의 이 트러블은 승리를 안겨주기 전에 시련을 주는 것'이라 생각하라.(어떤 분은 사형선고를 받고도 끝내 살아나서 대통령을 하지 않았는가?)

나의 경우 비교적 전·후반이 고른 성적을 유지하지만, 전반에 형편없는 경기를 벌였다 하더라도 결코 포기하지 않는다.

전반 성적이 최악의 기록이었다면 후반에 매우 잘 쳐서 '전후반 최다 타수 차이' 기록을 갱신하려고 한다고 생각하라. 그렇게 마음을 다스려라. 나의 경우 후반에 15타를 줄인 것이 최고 기록이다. (51:36)

마지막 홀 마지막 퍼팅까지 최선을 다 하는 자세, 그것이 텅 빈 포켓을 뒤집으며 '울면서 후회하네'를 방지하는 유일한 방법이다.

골퍼 여러분, 끝까지 포기하지 마세요. 그래서 노래까지 나왔지 않습니까?

'포기하지 마'인지, '보기하지 마'인지 몰라도…….

세 번 짧아 흘린 눈물

2004년 마지막 메이저시합 PGA 챔피언십에서는 3명이 플레이오프에 나가는 진풍경이 나왔다. 당시 상금 왕인 비제이 싱이 연장전에서 이겨 5승을 손에 거머쥐었다. 그로서는 감격의 순간이었지만, 저스틴 레너드의 입장에서 보면 통한의 라운드가 아닐 수 없다. 다 잡았던 우승을 놓쳤고, 손에 쥐었던 월척을 미끄러트려 잃은 것이나 다름이 없기 때문이다. 그러나 우리는 여기에서 좋은 교훈을 하나 얻을 수 있다.

레너드는 잭 니클러스, 애니카 소렌스탐과 같은 대표적 전략형 골퍼이다. 드라이빙이 유난히 짧은 그는 짧은 거리에도 불구하고 여러 차례 우승을 한 PGA의 간판 선수 중 하나이기에, 평소 전략 골프를 추구하는 나에게는 아주 좋은 벤치마킹 모델 가운데 한 선수이다. 최종일 마지막 세 홀을 남기고 그는 2타 차로 앞서 있었고 17, 18번 홀이 무척 어려운 파 3홀과 파 4홀로 되어 있어, 전략가인 그의 우승이 거의 무난할 것으로 보였다. 그런데 상황이 역전되어 동타를 이루고 97년 브리티시오픈 우승 이후 최고의 기회를 날려 버리고 말았다.

많은 골프 애호가들이 그의 18홀 204야드짜리 5번 아이언 샷을 놓고, 핀을 바로 보고 쏜 것이 잘못되었느니, 클럽 선택을 잘못하였느니 다양한 의견들을 냈지만, 나는 그것보다 그의 숏게임 실수를 지적하고 싶다. 거리가 짧은 프로인 그는 살아남기 위해 탁월한 숏게임 능력을 갖추었다. 그런 그가 마지막에 세 번 짧아 눈물을 흘린 것이다.

화근은 비교적 쉬운 370야드짜리 14번 홀에서 시작되었다. 그의 세컨 샷이 그린을 놓쳤고, 홀에서 약 10야드쯤 떨어진 러프 위에 볼이 놓여 있었다. 레너드의 칩 샷은 백스윙은 컸으나 팔로우스루가 부족하여 짧게 끊어 치는 결과가 되었고, 홀에 크게 못 미쳐 원 퍼트 마무리를 못해 보기를 했다.

16번 파 5홀에서 2번 아이언 샷을 가드 벙커에 빠뜨렸고, 세번째 샷이 짧아 그린을 놓쳐 프린지에 놓였다. 네 번째 15야드 칩 샷은 4피트가 짧았고 흐름이 끊긴 그는 퍼트를 놓쳐 또 보기를 하였다.

18번 홀에서는 세컨 샷이 짧아 그린을 놓쳤는데, 어프로치 샷 역시 홀을 지나치지 못하였다.

그리고 그는 그 퍼트를 놓치고 보기를 하여 연장전을 허용하고 침몰하였다. 물론 레너드가 세계 정상급 선수로서 그 상황에서 최선을 다 하였다는 점에 의심은 없다. 또 감히 그의 전략에 대하여 왈가왈부하려는 것도 아니다.

그러나 만약에 그가 가장 평범한 숏게임의 철칙, '지나치면 크게 지나침이 없지만, 부족하면 언제나 부족함뿐이다'는 것을 절실히 느끼고 어프로치를 하였다면, 14, 16, 18홀에서 단 한 번만이라도 어프로치가 홀을 지나칠 정도로 하였다면, 아마도 레너드는 연장전 없이 7년 만에 꿈에 그리던 메이저대회 우승컵을 안을 수 있었을지도 모른다. 결국 레너드는 세 번의 짧은 어프로치 때문에 눈물을 흘릴 수밖에 없었다.

물론 프로들의 경우 첫번째 퍼팅이 긴 내리막에 걸리지 않도록 하며 그린을 공격한다.

따라서 뒤쪽이 심하게 높은 그린이라면 그들은 오르막 퍼팅을 위해 홀에 못 미치게 플레이를 하는 경우도 있다. 그렇지만 기본적인 방침은 어프로치이건, 퍼팅이건 홀을 지나치도록 다소 길게 친다는 점이다.

레너드가 PGA 현역 선수 중 뛰어난 전략형 골퍼이지만, 유감스럽게도 PGA 챔피언십 마지막 몇 홀에서만은 그의 숏게임 작전이 다소 부족하였음을 지적하지 않을 수 없다.

어프로치는 지나가야 이글도 버디도 생기는 법이다. 전성기에 톰 왓슨 선수가 캐디에게, "붙이다니 무슨 소리야? 넣어야지" 하면서 그린 주변에서는 공격적인 모드로 바꾸어 칩 샷을 그대로 넣으면서 우승을 한 실례가 있지 않은가?

짧게 치고 한탄 말고, 길게 치고 웃음 찾자.

힘들어도 계속, 싫어도 다시 한 번

　　　　　　　　　　　　　　　　나는 좀처럼 텔레비전
연속극을 보지 않는 편인데, 야인시대와 영웅시대, 유독 '시대' 로 이름이 붙은 두 가지 프로그램은 가끔 보게 된다. 70년대 사원 시절 회사에서 가끔 고 정주영 회장을 뵌 적이 있어 요즈음 TV에서 최불암 선생의 실감나는 연기를 보면 옛 생각이 많이 난다. 청소년 시절 가난과 싸워야 했던 나에게 당시 정회장님은 내 마음 속의 영웅 같은 벤치마킹 모델이었다.

　마스터즈 3등에 빛나는 최경주 프로는 이제 마스터라고 불러주고 싶다. 세계 정상급 선수들이 아주 어린 시절부터 그린 주변에서 놀며 좋은 환경에서 자연스럽게 골프에 입문한 것에 비하면 최경주 선수의 입문은 그들보다 평균 10년은 늦은 편이고 또 무척 열악한 환경에서 출발한 것이기에 오늘의 그 위치가 눈부시게 빛난다. 그는 골프에 관한 한 내 마음 속의 마스터로 벤치마킹 모델이다.

타이거 우즈의 선생으로 유명해진 부치 하먼은 '자신의 약점을 고치는데 연습 시간의 대부분을 할애하라' 고 말한다. 그런데 이것은 실제로 실행하기가 그리 쉽지는 않다. 롱 아이언을 잘 구사하지 못하는 골퍼들은 이런 연습을 기피하는 경향이 많다. 왜냐하면 잘 안 맞으니까 재미가 없기 때문이다. 아마추어들은 필수 불가결의 숏게임도 제대로 하지 않는다. 샷을 하는 시원한 맛이 없기 때문이다. 부치 하먼은 낮은 스코어를 기록하려면 우리가 하고 싶지 않은 것들을 열심히 연습해야 한다고 주장한다.

성공하는 사람들에게는 공통적인 덕목이 있는데, 고 정주영 회장과 최경주 프로 역시 공통점이 하나 있다.

대한민국의 경제 거목으로서 정 회장은 많은 화제와 교훈을 남겼는데, 나는 오늘 그 분의 청년 시절 쌀가게에서 일하였을 때의 일화를 이야기하고자 한다. 내 친구 하나도 아버지가 일찍 돌아가셔서 쌀가게 운영을 이어받아 쌀가게 일이며 배달 작업이 결코 쉽지 않다는 것은 잘 알고 있다. 하루의 고된 일과를 마치고 기진맥진한 깊은 밤에 정 회장은 자전거 연습을 하였다고 한다. 피곤에 지쳐 눕고 싶기만 하였을 그 밤중에 쌀 두 가마를 싣고 자전거 배달 연습을 하였다는 것은 그가 결코 하고 싶지 않은 일을 열심히 한 것이라고 믿는다. 그 결과 그는 금세 자전거 배달의 달인이 되었다고 한다.

최경주 선수가 인터뷰를 할 때에 '단신과 체격의 열세를 극복할 수 있는 유일한 방법은 부단한 연습뿐이었다' 고 이야기한 적이 있다. 솔직히 취미로 하는 연습도 조금만 하면 힘이 들고 꾀가 나는 법인데, 시합은 시합대로 출전하면서 밤하늘의 별 볼 때까지 연습을 한다는 것은 정말로 하고 싶지 않은 것을 열심히 하는 것으로 무척 힘이 드는 일이다. 세계 최고의 연습 벌레라는 비제이 싱이 자기보다 더 열심히 하는 유일한 선수라고 최 프로를 평가하기까지 했다.

나는 장타자 축에 끼지 못한다. 또한 나는 멋있는 아이언 샷도 잘 못한다. 그리고 퇴근 후에 땀을 뻘뻘 흘리며 롱게임 연습을 할 수 있을 정도의 체력도 없다. 그러나 나는 골프는 잘 치고 싶었다. 그래서 내가 택한 것은 남들이 하기 싫어하는 숏게임 연습을 집중적으로 하는 것이었다. 아무리 몸이 피곤해도 퇴근 후에 어프로치 연습을 할 수 있을 정도의 힘은 남아 있었기 때문이다.

특히 겨울철이면 연습장에서 15야드, 20야드, 30야드 앞에 빨간 볼 같은 표적을 하나 정해 놓고 그 볼 맞추기 연습을 무척 많이 했다. 그것을 맞추기 전에는 다른 클럽을 잡지 않았기 때문에, 드라이버나 미들 아이언을 단 한 번도 잡아 보지 못하고 연습장을 떠나야 했던 날도 많았다. 재미도 없고 지루한 어프로치 연습을 많이 한 덕분에 요즈음 나는 숏게임이 무척 강하다는 평가를 받는다. 롱게임 핸디 수준이 9 정도라면 나의 숏게임 능력은 핸디 3 정도가 되기에 그런대로 종합하여 핸디 6~7의 수준을 유지하고 있는 셈이다.

나도 남도 기꺼이 하고 싶은 것만 골라하면서 1인자가 되는 것은 불가능하다. 나도 남도 힘들고 하기 싫어하는 그것을 마다하지 않고 즉 힘들어도 계속, 싫어도 다시 한 번 더 노력할 때 그가 영웅이 되고 마스터가 되는 것이다.

성경에도 '눈물을 흘리며 씨 뿌리는 사람은 기쁨으로 거둔다' 고

했다. 역사상 공짜로 성공을 거머쥔 사람은 없고 골프도 마찬가지다.

제2부

코스 매니지먼트 특강 – 티잉 그라운드에서 그린까지의 전략

● 코스 매니지먼트 특강 1 ●

골프에 왕도는 있다, 매니지먼트

　　　　　　　　　미국에서 티칭 프로 100명에게 설문서를 돌려 조사를 하였다. 설문의 내용은 "만약 당신이 당신의 골프 학생을 위하여 캐디가 되어 라운드를 해 준다면 당신은 그 사람의 핸디캡 몇 퍼센트를 줄여 줄 수 있습니까?" 였다. 100명의 티칭 프로가 답변한 평균 숫자는 "핸디캡의 30%를 줄여줄 수 있다"고 했다.

그렇다면 티칭 프로가 함께 있다는 것만으로 드라이빙 거리가 10야드 늘어난다는 것인가?

대답은 No, 그것은 불가능하다. 프로가 조언을 해 준다고 매 샷이 핀 옆에 붙을 것인가? 그럴 수 없다는 것은 천하가 다 아는 사실이다.

그렇다면 어떻게 티칭 프로들이 핸디캡의 30%를 줄일 수 있다고 자신 있게 이야기할 수 있었을까? 평균 100타를 치는 사람은 보기 플레이어를 만들고, 90대 초반을 치는 사람은 80대 중반을 치게 하며,

80대 중반을 치는 사람을 싱글 핸디캐퍼로 만들 수 있다는 근거는 무엇일까? 정답은 바로 매니지먼트이다.

　골프는 크게 롱게임, 숏게임, 매니지먼트 세 가지로 분류한다. 골프 전문가들은 매니지먼트를 기술보다 더 중요한 요소로 평가하기도 한다. 매니지먼트는 마인드컨트롤을 포함하는 개념으로 현재의 능력과 여건으로 가장 효과적인 결과를 이끌어 내는 것이며 골프에는 이것이 다른 스포츠보다 확연하게 중요한 점이다.

　매니지먼트의 시작은 우선 자신을 파악하는 것부터 시작한다. 나는 어떤 골퍼인가를 제일 먼저 파악하길 권한다. 구한말 한의사였던 이제마 선생의 사상의학처럼 골퍼에게도 사상체질이 있다. 이해를 돕기 위해 간단히 설명하자면,

1. 氣가 센 골퍼. 시원시원하게 치는 장타자 스킨스형 골퍼
2. 基가 충실한 골퍼. 모범적이고 아름다운 스윙으로 기복이 적은 또박이형 골퍼
3. 技가 화려한 골퍼. 창조하는 듯 샷을 만들어 치는 예술구형 골퍼
4. 記로 다스리는 골퍼. 모든 기록과 확률로 작전을 세워 플레이하는 전략형 골퍼

　모든 골퍼는 위의 네 가지 중 하나의 유형에 속한다. 어떤 유형의 골퍼가 다른 유형보다 더 좋다는 것은 아니다. 단지 유형마다 장단점이 있기 때문에 자신의 장점을 십분 활용하고 자기의 부족한 점, 즉 다른 유형 골퍼들의 장점을 배워 보완한다면 큰 고생 없이 쉽게 자신

의 실력을 한 단계 업그레이드시킬 수 있다.

그런데 특별한 장점을 살리지 못하고 이것저것 좇다보면 실속 없는 오리형 골퍼가 된다. 오리는 만능 선수 같지만, 날개가 있어도 제대로 날지 못하고 빠르게 뛰지도 못하고 또 수영도 제대로 하지 못한다. 두루두루 잘 하는 것 같은데 라운드가 끝나면 수시로 세자리 숫자를 그리는 오리 같은 골퍼들을 주변에서 흔히 보게 된다.

클럽 선택과 연습 방법에도 각별한 주의를 기울여야 한다. 중 하급자가 한 라운드에 한 번 쓸까말까 하는 롱 아이언 연습에 시간을 많이 투자한다면 라운드 경제학 측면에서는 낙제점수이다. 세계 랭킹 1위의 여황제 소렌스탐이 특별한 경우가 아니면 5번 아이언까지만 사용한다고 한다. 얼마 전까지 세계 랭킹 1위였던 비제이 싱이 최근 어느 시합에서 사용한 클럽은 9번 우드였다. 사이드 스핀이 많이 걸려서 슬라이스를 유발시키는 롱 아이언을 붙들고 힘겨운 싸움을 하면 골프가 괴로워진다. 쉽게 다루고 잘 뜨는 채를 활용하여 자신의 승부 샷(Winning shot)을 만들어 가는 것이 현명하다. 이렇듯 무심코 지나친 것 중에서 조금만 관심을 기울이면 스코어의 낭비 요소를 많이 줄일 수 있고 바로 이런 것이 매니지먼트이다.

티잉 그라운드 1_ 쫄면 죽는다

티샷은 매우 중요하다. 아무리 같은 1타라 해도 한 홀에서의 시작이고 더구나 1번 홀이라면 경기의 시작이니 심리적으로 부담이 안 생길 수 없다. 그래서 첫 홀은 더욱 떨린다. 프로나 싱글 핸디캐퍼도 마찬가지이다. 프로 시합을 보면 첫 홀에서 기라성 같은 선수들이 충분히 워밍업을 하였음에도 불만족스러운 티샷을 하는 경우가 많다. 대한민국 간판 모 프로도 수년 전 시합 첫 파 4홀에 OB를 세 개씩 내고 출발한 적도 있었다.

미국 LPGA 세이프웨이시합에서 소렌스탐과 연장전에 나간 오초아는 불안감을 보이더니 써든 데쓰 첫 홀에서 티샷이 훅성으로 감겨 터무니없이 왼쪽 워터해저드에 빠졌다.

하루 온종일 리드하고 있던 오초아는 최후 세 홀에서 흔들리다 하루 종일 게임이 풀리지 않아 고생한 인내심의 화신 소렌스탐에게 잡았던 고기를 뺏기고 우승을 헌납한 꼴이 되었다.

왜 떨릴까? 그것은 성공에 대한 확신이 적거나 마음의 준비가 충분치 않았기 때문이다. 더구나 티잉 그라운드 주변에 많은 사람들이 운집하여 있으면 대부분의 아마추어들은 강박감에 사로잡힌다. 오래 전 TV연속극 모래시계 마지막 장면에서 나온 대사 "나 떨고 있니?"와 같은 심정으로 보인다. 만능 스포츠맨인 후배 P는 핸디캡 20의 골퍼이다. 그는 낙천적이고 담대한데 골프장 티잉 그라운드에만 서면 남의 시선을 의식하며 겁쟁이가 된다.

"남들이 나를 보고 뭐라고 할까? 뒷팀과 그 뒷팀 사람들은 내가 티샷을 실수하면 뭐라고 생각할까? 실수하면 체면을 구기는데……" 등 필요 없는 걱정까지 한다.

그에게 나는 이렇게 말했다.

"미안하지만 자네가 티샷을 잘 하건 못 하건 그것은 남들과 아무 상관이 없네. 그들이 마땅히 눈 둘 곳이 없기 때문에 자네의 티샷을 쳐다보는 것뿐이지. 설사 자네가 10미터짜리 토핑을 해도 그들에게는 관심밖의 일이니까 두 홀만 지나가면 아무도 자네의 실수를 기억하지 못할 것일세."

그리고 계속해서 이렇게 말했다.

"자네의 실력으로 250야드 똑바른 샷을 그것도 첫 홀에서 칠 수 있는가? 자네의 마음 속에 있는 비교하는 열등감을 버려야 할 것일세. 자네의 핸디로는 똑바로 나가는 250야드짜리 티샷, 즉 거리와 방향, 두 마리 토끼를 동시에 잡기는 어렵네. 그렇다면 한 가지만 확실히 잡게. 짧더라도 똑바른 샷, 아니 세컨 샷을 하기 좋은 안전한 곳이라면 설사 200야드가 못 나가도 성공일세. 처음에는 똑바로 짧게 치게. 작은 고추가 매운 법일세. 그리고 무얼 그렇게 걱정하는가? 티샷은 자신 있게 안전 지대를 향하여 휘두르고, 그 결과 사고를 쳤으면 그때부터 후속 조치를 신중하게 연구하면 되네. 티샷을 하기 전부터 걱정하는 것은 매우 영양가 없는 걱정일세."

아마추어들에게 티잉 그라운드, 특히 첫 홀에서의 요령을 이렇게 권하고 싶다.

1. 욕심 없이 안전하게 출발한다.

첫 홀은 누구나 떨린다. 그러나 쫄면 죽는다. 욕심을 버리면 떨릴 이유가 없다. 남의 시선을 절대 의식하지 말라. 뽑은 칼은 죽더라도 끝까지 휘두르고 전사하라.

2. 구질에 따라 티업(Tee up) 위치를 잘 정한다.

슬라이서는 티잉 그라운드 우측에서 페어웨이 좌측을 향하여 샷을 하고, 훅을 치는 사람은 좌측에서 티업하고 페어웨이 우측을 노려 안전을 확보한다.

3. 클럽 선택을 현명하게 하라.

체면을 따지지 말라. 중급자들에게는 3번 우드가 드라이버보다 훨씬 방향성이 좋고 거리도 결코 떨어지지 않는다. 소위 백스핀이 많으면 사이드 스핀이 적어서 방향성이 좋다. 그래서 3번 우드가 드라이버보다 낫고, 미들 아이언이 롱 아이언보다 낫다.

15년 전 메탈 헤드가 없었던 시절에는 체면 때문에 3번 우드의 밑바닥을 1번으로 고쳐서 가지고 다니는 골퍼들도 많이 있었지만, 10년 전 전성기의 닉 팔도가 브리티시 오픈에서 우승할 때 드라이버는 6번만 잡았다고 한다.

● 코스 매니지먼트 특강 3 ●

티잉 그라운드 2_ 안 보면 못 친다

티잉 그라운드에서 잘 간수해야 할 시선에는 두 가지가 있다.

첫째는 어디로 칠 것인가, 즉 목표를 향한 시선이고,

둘째는 티 위에 놓여 있는 볼에 집중하는 시선이다.

▎고수의 시선은 안전한 곳에 머문다

만약에 티잉 그라운드에 섰을 때 샷을 보내고자 하는 목표점이 세팅되지 않고, 페어웨이 양쪽의 오비 말뚝들이 비행장 활주로 경고등처럼 보인다거나 한쪽에서 입을 크게 벌리고 있는 워터해저드 같은 것이 눈에 들어온다면 필경 그 샷은 깨끗하게 나가지 않을 확률이 높다. 더군다나 그 홀에서 과거에 크게 실수한 적이 있어 나쁜 기억에라도 사로잡힌다면 더욱 티샷을 그르치기 쉽다. 다소 거리가 덜 나가더라도 세컨 샷을 하기 좋은 안전한 지점이라면 바로 그곳에 시선을 고정해야 한다. 시선이 머무는 곳에 마음이 머물고, 바로 마지막 생각이 머문 곳으로 볼은 날아가기 때문이다. 그래서 샷을 하기 전의 마지막 시선은 목표점이나 안전지대로 고정해야 한다.

골프장에서 캐디가 "왼쪽은 OB예요"라고 말하자마자 티샷을 왼쪽으로 해 OB를 낸 경험들이 있으리라고 생각된다. 아마도 캐디의 말을 듣고 마지막 시선이 그곳에 머물렀기 때문일지도 모른다.

아주 오래 전 싱글 핸디캐퍼인 선배 K씨와 라운드할 때였다. 캐디가 친절하게도 "230야드 전방 좌측에 아주 적은 워터해저드가 있어요"라고 알려주었고, K씨는 "어디? 어디?" 하면서 해저드의 위치를 확인했다. 그리고 그의 티샷은 그 워터해저드에 빠졌다. 다시 집어넣어 보라고 하면 아마도 10개에 하나도 집어넣기 힘들지도 모르는데…….

볼만 바라볼지라

우리집 진돗개는 가족들이 돼지갈비로 외식하고 남은 갈비를 들고 오면 멀리서도 용케 알아본다. 귀가하는 나에게 반가이 달려들고 꼬리를 흔들지만, 녀석의 시선은 내 눈이 아니고 검은 비닐봉지, 즉 자기의 간식보따리에 고정이 된다. TV에서 자연 다큐멘터리를 보면 맹수들이 사냥을 할 때에는 아주 오랜 시간 동안 사냥감에 시선을 집중한다. 이렇게 시선을 집중해야 성공 확률이 높아진다. 그리고 그것은 골프에서도 똑같이 적용된다.

많은 사람들이 애니카 소렌스탐은 헤드업을 하면서도 볼을 잘 친다고 이야기한다. 그러나 1주일에 한 번 연습장 갈까말까 하는 아마추어가 수백만 번의 스윙을 한 세계 랭킹 1위 선수와 비교한다면 그것은 큰 착각이다. 권투를 할 때도 눈을 뜨고 맞으라고 한다. 임팩트 때에 볼에서 시선을 놓치는 즉시 아마추어에게는 실수가 보장된다. 볼에서 시선을 빨리 떼면 뗄수록 하수의 티샷은 바나나 샷처럼 우측으로 형편없이 휘어지게 마련이다. 일단 볼을 뚫어지게 쳐다보고, 피니시 때 목이나 등에 클럽의 샤프트가 닿도록 끝까지 휘둘러야 한다. 그래서 골프는 (자기) 등 쳐야 먹고 산다고, 나는 주장한다.

개다리는 바깥으로 뜯어라

파 3홀을 제외한 14개의 홀 중 적어도 몇 개는 도그레그 홀이다. 이런 곳이 골퍼들을 유혹하여 망가뜨리는 악마의 구렁텅이가 되기도 한다. "저기 휘어진 데를 넘기려면 캐리로 얼마요?"라고 캐디에게 묻는다면 진짜 고수이거나 돌격 앞으로의 하수 둘 중의 하나일 것이다. 티잉 그라운드에서는 언제나 공격하고자 하는 앵글과 루트를 점선으로 그린까지 연결해 보고 목표점을 정하는 것이 좋다. 더구나 도그레그 홀이라면 꺾여진 지점 반대, 즉 바깥쪽으로 공격을 해야 설사 실수로 토핑을 한다 하더라도 세컨 샷의 각도가 나온다. 만약에 접혀진 코너를 넘기는 샷을 하다가 실수로 짧게 치면 코 앞의 나무에 가려 세컨 샷을 온그린시킬 가능성은 영영 사라져 버리게 된다.

위험한 코너를 가로질러서 1타가 줄여진다면 공격의 가치가 있다. 그러나 불과 20야드 내외의 거리 차이라면 절대로 무리수를 둘 필요가 없다. 개다리는 철저히 바깥으로 뜯자.

스루 더 그린 1_ 스코어의 혁명을 이루려면

스루 더 그린(Through the green)
이란 지금 플레이를 하는 티잉 그라운드, 그린 그리고 해저드를 제외한 코스 전역을 의미하는데, 이곳에서 어떻게 플레이를 하는 것이 좋은지 살펴보기로 한다.

10년 전쯤에 선배 한 분이 이런 말씀을 하셨다.

"골프를 한 20년 치고 이제야 진리를 하나 발견하였네. 골프에는 간단한 원리가 있더군. 똑바로 길게 치면 되는 것일세."

20년 간 꾸준하게 100타를 넘겨온 선배님이 반쯤 농담으로 하신 말씀이었으나, 나는 무릎을 탁 쳤다.

'그렇다. 이것이 바로 골프의 진리다. 골프는 똑바로 치고, 길게 치면 쉽다.'

길게 쳐야 스코어의 혁명을 이룬다

대다수 골퍼들은 멀리 치려고 욕심을 내고 그 욕심 때문에 자멸하는 경우가 많다. 멀리 치려 하는 것과 길게 친다는 것은 개념에 엄청난 차이가 있다. 멀리 치려 하는 것은 평상시의 목표 지점을 넘겨 보려는 욕심 많은 생각이라면, 길게 친다는 것은 목표 지점을 지나치도록 넉넉히 친다는 현명한 개념이다. 온그린이 되지 않은 세컨 샷은 대부분 짧아서 못 올라간 것이다. 또 온그린된 것 중에서도 볼이 홀을 지나친 것은 많지 않다. 파 3홀에서 뒷팀에 콜을 주고 관찰해 보면 아마추어는 90% 이상이 홀에 미치지 못하는 샷을 하는 것을 보게 된다. 더구나 그린 전방에 벙커나 워터해저드가 집중 배치되어 있는데…….

아마추어가 짧게 치는 주된 이유로는 클럽 선택을 할 때 언제나 가장 잘 맞았을 때의 거리를 자신의 평상시 거리로 착각하는 것과 홀(컵)을 목표로 하여 샷을 하기 때문이다. 언제나 더 길게 친다는 의식으로 핀 하이(Pin high)로 공격을 할 때 더 많은 버디와 파가 찾아온다는 사실을 알아야 한다. PGA 중계 때에 파 3홀에서 선수들의 볼이 어디에 서는가를 유심히 볼 필요가 있다. 그러면 그들이 왜 버디와 파를 잘 치는가를 알게 된다.

똑바로 조준해야 똑바로 간다

아무리 훌륭한 사격 선수라도 조준이 제대로 되지 않으면 절대로 과녁을 맞출 수 없다.

너무 기초적인 이야기이지만 어드레스를 할 때 클럽 페이스를 볼 뒤에 대고 올바르게 목표를 향하도록 하면서 스탠스를 정하도록 하는 것이 정석이다. 이것은 퍼팅에도 필요한 공통적인 현상인데, 스탠스를 정하고서 클럽 페이스를 볼 뒤에 대면 몸 전체가 옳은 방향으로 향하기 어렵고, 당연히 정확한 조준(aim)이 되지 않는다.

프로 선수들 중 어드레스시에 클럽 바닥(sole)을 지면에 대지 않는 경우가 꽤 있지만, 나는 아마추어들에게 언제나 클럽 바닥을 지면에 대고 페이스를 목표선에 직각으로 맞추는 것을 권한다. 아무리 똑바른 샷을 하였더라도 7번 아이언이 1도가 틀어졌다면 그린에서는 약 2미터쯤 빗나간다. 그런데 주의를 하지 않을 경우 5~10도씩 틀어지는 것은 순식간이다. 실력이 모자라 잘못 치는 것은 할 수 없지만, 조준마저 못하면 골프는 잘 칠 수 없기 때문이다.

쉽게 쳐야 스코어가 편안하다

쉬운 채로 무리하지 않게 플레이를 해야 스코어가 들쭉날쭉하지 않는다. 파와 보기를 반씩 섞어서 플레이를 하면 바로 그게 소위 싱글 스코어다. 거기에다 어쩌다 한 방 떨어지는 버디 한 개를 보기 대신 섞어 놓으면 그게 79타, 중급자 골퍼에게는 황홀한 스코어가 된다. 10년 전에 모 상공회의소 친선 경기에서 비가 내리자 진행 본부에서 이례적인 제안을 하였다. 날씨도 궂은데 퍼터를 포함하여 클럽 4개로 플레이를 해 보자는 것이었다.

나는 3번 우드, 5번 아이언, 피칭 웨지 그리고 퍼터를 택하였다.

결과는 어땠을까? 나는 핸디캡보다 1타를 더 쳤으니 선방을 한 셈이었다. 그런데 그 비 내리는 날 회원들의 평균타는 오히려 1타 정도가 줄었다. 날씨를 감안하면 그것은 정말 획기적인 스코어였다. 모두가 제한된 클럽 숫자 때문에 자기가 잘 다룰 수 있는 클럽을 선택할 수밖에 없었고, 다루기 쉬운 채로 쉽게 치다 보니 오히려 결과가 더 좋아졌던 셈이다.

구력이 긴 골퍼 중에는 아예 3번 우드와 롱 아이언을 가방에서 빼 버린 사람이 꽤 많다.

● 코스 매니지먼트 특강 5 ●

스루 더 그린 2_ 골프는 만만하게 쳐라

얼마 전에 꼭 상급자가 되고 싶다는 후배를 지도하기 위하여 함께 태국의 리조트로 골프 투어를 갔다 왔다. 첫날 첫 라운드 4번 490야드의 짧은 파 5홀에서 후배 S사장의 티샷은 240야드 이상 잘 날아갔다. 250야드를 남긴 상태에서 그는 어깨에 힘이 들어갔는지 심한 토핑을 하였고 겨우 40야드를 쳐 홀까지는 약 210야드가 남았다. 그러나 그 홀이 거리가 짧으면서도 스트로크 인덱스(stroke index)가 8인 것에는 이유가 있었다. 좌우가 모두 워터해저드이며 그린에서 100야드 전방까지는 페어웨이가 개미허리처럼 좁은 홀이었다. S는 5번 우드를 손에 잡고 그린을 바라보면서 "이것 만만치 않네" 하고 독백을 하였다.

골프는 만만한 샷만 쳐라

S가 친 샷은 약한 슬라이스가 걸리면서 그린의 오른쪽 숲으로 들어갔다. 간밤에 내린 비 탓인지 다소 질척한 진흙밭이었는데 운이 좋아서 그런대로 그린 근처에 빼낼 수 있었고 어프로치를 차분히 붙여 원 퍼트로 마무리하여 보기를 할 수 있었다.

"선배님, 왜 조용히 웃고 계신 것이지요?" 그가 물었다.

"나는 자네가 그 샷을 아마도 실패할 것으로 예상하고 있었지. 자네는 어드레스에 들어가기 전에 이미 그 샷에 진 것일세."

"그렇다면 어떻게 하면 됩니까?"라고 묻는 그에게 "앞으로는 만만한 샷만 하게"라고 답했다.

어드레스에 들어가면서 "이것 만만치 않네"라고 생각하는 것은 이미 상당히 실패를 예견하고 있다는 뜻이다. 골프는 만만한 샷만을 자신 있게 칠 때 확실히 성공한다.

죽을 때는 확실히 죽어라, 그래야 산다

야구에서 희생 번트를 대며 자신이 살려고 하면 타자와 주자가 모두 아웃되는 경우가 종종 발생한다. K는 후반 몇 홀을 남겨 놓고 라이프 베스트가 거의 확실한 상황이었는데, 그의 티샷이 숲으로 들어갔다. 홀쪽으로 직진하여 빠져 나온다면 써드 샷을 숏 아이언으로 온그린시키는 것이 가능하겠지만, 나무가 너무 빽빽하여 숲 속 탈출의 성공 확률은 매우 낮아 보였다. 그러나 만약 아무런 장애가 없는 옆으로 빠져 나간다면 미들 아이언으로 그린 근처까지는 보낼 수 있는 상황이었다.

K는 여태까지의 좋은 흐름이 아까웠다. 내심 언더파의 스코어까지 염두에 두었는지 그는 어려운 직진 코스로 숲 속 탈출 루트를 택하였다. 볼을 오른쪽에 놓고 낮은 탄도로 힘차게 임팩트하였지만, 결과가 궁금했는지 그는 빨리 고개를 들었고, 딱 하는 나무 맞는 소리가 연거푸 몇 차례 들리더니 아주 형편없는 곳에 볼은 놓여졌다. 그곳에서 2타만에 옆으로 겨우 빠져 나올 수 있었으니, 결국 욕심 때문에 온전히 2타 손해를 보게 된 꼴이다. 그가 숲 속을 걸어 나오면서 한 독백이다.

"번트를 대며 내가 살려고 했다가 결국 다 죽었다."

군대 전투 작전, 위험 지역은 우회하라

군대 생활을 한 사람들은 다 기억할 것으로 안다. 돌파 작전이 여의치 않은 위험 지역은 무조건 우회하는 것이 최고다. 상대하기 버거운 때에는 피해가는 것이 상책이다. 여러분이 최홍만 선수에게 K-1 도전장을 낸다면 아무도 용감하다고 생각하지 않는다. 오히려 객기를 부리다 죽지나 않을까 불쌍하게 생각할 가능성이 더 크다. 마이더스 밸리의 17번 페어웨이 벙커나, 일동레이크 골프장 18번 홀 가드 벙커는 높이가 건물 몇 층은 된다. 프로 시합 때 관전을 하면 기라성 같은 선수들이 다 그 벙커를 슬금슬금 피한다. 빠지면 곧 보기로 연결되기 때문이다.

미국 PGA의 벙커 샷 부문 1위 선수는 2/3를, 200위 선수는 1/3을 파 세이브한다. 그들의 퍼팅 능력은 아마추어 골퍼들과는 비교도 할 수 없는 도사급인데도 그렇다. 그러나 그들은 벙커가 아닌 같은 거리에서는 모두 3/4은 족히 파 세이브한다.

핸디 5의 실력자는 1/5, 핸디 18은 1/18, 핸디 30은 1/30 정도만 파 세이브가 가능하다. 그 이야기는 100개를 치는 사람은 연례행사로 일 년에 한두 번 파 세이브를 한다는 뜻이다.

OB구역이나 워터해저드는 물론 벙커도 위험 지역이니 철저히 피해 다니는 것이 상책이다.

벙커 샷을 잘 한다고 자랑하는 사람은 초보라고 보면 틀림이 없다.

스루 더 그린 3_ 다음 샷으로 승부하라

이따금 특목고나 명문대 학생들이 성적 비관을 이유로 자살을 하고, 상당한 사회적 위치나 재력을 갖춘 인사들이 한강에 투신했다는 뉴스를 들을 때마다 정말 가슴이 아프면서도 이해가 되지 않는다. 세상 사람들이 보기에는 모두 부러운 그런 위치에 있는 사람들인데…….

잡초 같은 인생을 살아온 사람들에게 그 정도는 문제도 되지 않을 수 있다. 이렇게 생각의 차이는 엄청난 결과를 초래하기도 한다.

행복해야 스코어가 준다

서양에서 오래 전에 유행한 모자의 구호이다.

"The worst day in the field is better than the best day in the office."
(필드에서 가장 나쁜 날이 사무실에서 가장 좋은 날보다 낫다.)

많은 골퍼들은 욕심 안 내고 툭툭 쳤더니 베스트 스코어가 나오고, 전반에 엉망으로 망가진 후 마음 비우고 콧노래 부르며 쳤더니 후반에 날아서 결국 핸디캡을 칠 수 있었던 그런 경험을 누구나 가지고 있으리라. 미스 샷의 대표적인 이유 중 하나는 화가 났기 때문이다. 18홀 내내 짜증을 부리면서 좋은 스코어를 이룬 골퍼를 만나본 적이 있는가? 모든 샷은 행복한 마음으로 편하게 쳐야 성공 확률이 높아진다. 특히 경기의 흐름을 좌우하는 세컨 샷, 이 세컨 샷을 잘 치려면 행복한 마음으로 70점짜리에 만족해야 한다. 100점짜리 샷만 기대를 하면 80점짜리 샷에도 분노한다. 천하의 타이거 우즈도 완벽한 샷을 하지 못한다. 프로도 5번 아이언으로 온그린시킬 확률이 50%밖에 되지 않는다. 연습은 코피 터지게 하되 필드에서는 70점짜리 샷에 만족할 줄 아는 슬기로운 골퍼가 되어야 스코어가 행복하게 준다.

다음 샷으로 승부하라

초보는 이 샷에 목숨을 걸고, 프로는 다음 샷으로 승부한다. 드라이버를 멋지게 휘둘러 260야드를 잘 보냈더니 핀까지 80야드의 심한 내리막 경사에 볼이 놓여 있다면, 초보자는 그곳에서부터 불행이 싹트게 된다. 프로가 아니더라도 상급자들은 지금 이 샷에 목숨을 걸지 않는다. 오직 다음 샷을 쉽게 하기 위하여 이 샷을 그 지점까지 편하게 한다. 일본 시합에 뛰고 있는 구옥희 선수가 페어웨이도 넓은데 티샷을 3번 우드로 하는 것을 자주 보았다. 본인의 장기인 8번 아이언 샷을 가장 편하게 할 수 있는 안전 지대로 보내기 위해서다. 내 손에 쥐어진 클럽이 숏 아이언이라면 때로는 핀을 향해 돌진할 수도 있겠지만, 평생을 그래왔다는 잭 니클러스의 조언처럼 그린 중앙을 노리는 것이 현명하다.

그렇지 않다면 온그린이 안 되더라도 다음 샷을 편히 할 수 있는 안전지대를 노려야 한다.

이것이 파를 노리면서도 최소한 보기를 확보하는 실속 있는 전략이다.

스윙 폼에 연연하지 마라

필드에서는 스윙 이론을 잊어 버려야 한다. 연습장에서도 잘 맞는 날이 있고, 안 되는 날이 있는 것처럼, 필드에서도 마찬가지이다. 따라서 플레이 중에는 스윙을 교정할 필요가 없다. 그저 그날의 감(Feel)에 맞춰 성의껏 치기만 하면 된다. 때로는 프로도 생크나 뒷땅치기 같은 실수를 할 때도 있다. 그런데 많은 아마추어는 한 번의 엉뚱한 실수가 나오면 사색이 되어 "내 스윙이 왜 이래? 왜 이렇게 많이 망가졌지?" 하면서 플레이 중에 수정하려고 한다. 스윙 폼이 좋은 외형주의 골퍼들에게서 가끔 일어나는 사례이다. 이따금 TV에서 클럽 챔피언들의 플레이를 보면, "아니 저런 폼으로 챔피언이 되었나?" 하고 의심이 갈 때도 있다. 멋진 스윙이 좋지만 그것이 곧 스코어를 줄이는 첩경은 아니다.

깊은 러프에는 입장료가 있다

골프장 사장으로 근무할 때 새벽 시간에 직접 캐디를 하기도 했다. 그때 발견한 사실인데 볼이 깊은 러프에 들어갔을 때 대부분의 플레이어들이 미들 아이언만 챙겨서 갔다가 러프에서 빠져 나오지 못하고 전전긍긍하는 것을 자주 보았다. 당연히 타수도 올라가고 진행도 늦어질 수밖에 없다. 나는 이때에 꼭 웨지 한 자루를 플레이어에게 쥐어 주며 "러프에도 입장료가 있으니 반 타만 손해 보세요"라고 권했다.

깊은 러프는 반 타 입장료를 내는 것이 좋다. 깊은 러프에서 입장료를 내지 않고 공짜로 빠져 나오려고 하다가 지하철 무임 승차시 적발된 것처럼 몇 배 비싼 대가를 치루는 경우를 흔히 볼 수 있다.

● 코스 매니지먼트 특강 7 ●

그린 주변 1_ 발품을 팔아야 스코어가 준다

얼마 전 동호회 C부인과 함께 라운드를 했다. C부인은 구력은 짧지만, 플레이가 시원시원하고 거리도 상당히 나가 롱게임이 매우 좋은 보기플레이어이다. 레이디 티에서 치면 웬만한 홀을 거의 파 온시킬 수 있는 파워를 가진 골퍼이다. 그러나 그린 주변에서 마무리가 시원치 않아 안정적인 80대 진입을 하지 못하고 있었다. 마침 그날은 함께 라운드한 세 사람 모두 싱글 핸디캐퍼로 평균 핸디캡이 7이라 전반전에 주눅이 들어 49타를 기록하였다. 그러나 후반에 스트로크 내기를 하자 C부인의 플레이는 현격하게 좋아지더니 44타를 기록하였다. 플레이를 마친 C부인의 첫 마디는 "잘 치려면 그린 주변에서 발품을 팔아야 한다" 였다.

발품을 팔아야 스코어가 좋다

C부인은 전반에는 자기 때문에 싱글 핸디캐퍼들의 플레이에 지장이 있을까 봐 대충대충 치며 진행에만 신경을 썼는데, 후반에 스트로크 내기에 참여하게 되자 "내기를 하니까 신중하게 쳐도 실례가 안 되겠지"라고 생각하고 전반전에 고수들이 플레이하던 것을 관찰한 대로 따라 하기 시작했다. 온그린이 되지 않으면 볼에 접근할 때 홀의 반대편에서 볼 있는 곳으로 걸어가며 보폭으로 거리도 재고, 시간이 없을 경우라도 최소한 볼과 홀의 중간까지 와서 착지 지점의 경사를 파악한 후 볼 뒤 3~4미터 후방에서 볼이 좋게 날아가는 것을 상상하며 스윙의 크기를 정한 다음 그 감(Feel)으로 샷을 하였다. 그러던 중 12번 홀 그린 주변에서 샷한 것이 칩인 버디가 되면서 플레이를 편하게 풀어갈 수 있었고 그린 주변에서는 발품을 파는 것만큼 스코어가 좋아진다는 것을 확실히 알게 되었다.

그립과 치마는 짧을수록 좋다

골프의 여자 황제 소렌스탐을 보면 그녀가 무척 짧게 그립을 잡는다는 것을 알 수 있다. 세계 랭킹 1위 골퍼로 웬만한 남자 아마추어들 꿈의 비거리를 날리는 장타자이며 평생 족히 천만 번의 스윙 연습을 한 그녀가 왜 그립을 내려잡을까? 해답은 한 가지, 보다 좋은 컨트롤을 위해서다. 소렌스탐은 드라이버로부터 숏 아이언에 이르기까지 그립을 대체로 짧게 잡는다. 그런데 그린 주변에서는 우리가 깜짝 놀랄 정도로 더욱 내려잡고 플레이하는 것을 쉽게 볼 수 있다. 이순신 장군의 긴 칼보다 횟집의 사시미 칼이 짧기 때문에 훨씬 다루기 좋은 것과 같은 이치이다.

태국의 G리조트에서 조인하여 볼을 칠 때, K부인은 대단한 장타자로 남자 레귤러 티에서 함께 플레이하였다. 레이디 티에서 치면 미들 아이언을 쓸 필요가 없기에 재미가 없다는 것이었다. 그린 주변까지는 여자 프로 선수와 플레이하는 것 같았다. 그러나 그린 주변에서 형편없이 허물어지기에 유심히 보았더니 그립을 길게 잡고 매번 컨트럴 스윙을 하다 틈틈이 실수하여 롱게임에서 벌어 놓은 것을 숏게임에서 다 망쳐 버리는 것이었다. 그 부인이 조언을 구하기에 딱 한 마디 그립을 내려잡으라고 권했다. 다음 날 저녁 식당에서 만났을 때 K부인은 나에게 정중하게 인사를 하며 고맙다고 했다. 그립을 내려잡은 것 하나만으로도 숏게임이 크게 개선되었고 80대 초반은 쉽게 치게 되었다며 활짝 웃었다.

맛있는 집은 메뉴가 간단하다

최고의 설렁탕과 최고의 자장면을 함께 파는 식당을 보았는가? 너절하게 많은 메뉴를 붙인 집치고 맛있는 집 찾기는 어렵다. 프로나 싱글이 아니면서 60도 로브 샷부터 5번 아이언 칩 샷 등 찬란한 어프로치 메뉴를 구사하는 아마추어는 실패하기 십상이다. 그야말로 실속 없이 폼생폼사에 그친다. 프로나 싱글은 최소한 백만 번 이상 연습한 어프로치의 달인들이다. 미켈슨이나 가르시아의 로브 샷은 아마추어에게는 그저 좋은 그림에 불과하다.

더구나 요즈음처럼 1캐디 4백 시스템에서는 어프로치를 한두 가지로 정형화하는 것이 좋다. 캐디가 플레이어 한 사람을 위해 클럽을 4

~5개씩 가지고 다닐 수 없기 때문에 더욱 그렇고, 메뉴가 많으면 선택의 폭이 큰 것처럼 머리도 복잡해지고 집중이 어렵다. 자신 있는 어프로치 하나를 확실히 개발해서 대부분 그것으로 승부하는 심플한 전략이 아마추어에게는 실속 있는 숏게임 방법이다.

● 코스 매니지먼트 특강 8 ●

그린 주변 2_ 비행기 추락 원인은 짧은 활주로

A항공사 창립 때부터 그 회사의 재보험을 중개하면서 여러 조종사들과 이야기 나눌 기회가 있었다. 요즈음은 자동항법장치를 이용하지만, 그래도 비상시를 위하여 숙련된 조종기술은 꼭 있어야 한다. 세계 항공 사고를 살펴보면 의외로 베테랑 조종사들도 실수하는 경우가 많았는데, 특별히 활주로가 짧은 공항에서 자주 사고가 발생했던 것으로 기억한다. 비행기의 랜딩이나 골프에서 어프로치의 착지나 모두 안전이 최우선이다.

고참 파일럿도 활주로가 짧으면 긴장한다

과거의 홍콩 공항이나 활주로가 짧은 국내 지방 공항의 경우 노련한 파일럿을 배치했다고 들었다. 활주로가 짧은 공항에서의 랜딩은

베테랑 조종사에게도 부담스럽다고 한다. 골프에서도 마찬가지이다. 어프로치는 착지 지점이 평탄하고 넓어야 좋다. 또한 긴 활주로처럼 착지 루트가 길 때 안정적인 플레이를 하기 쉽다. 핀이 엣지에 꼽혀 있는 포대 그린의 후방 언덕에서 내리막 어프로치를 한다면 활주로가 짧아서 여간 부담스러운 것이 아니다. 베테랑 골퍼들도 이런 상황에서는 종종 온그린조차 못하고 추락하거나, 그린을 훌렁 넘어버리는 실수를 한다.

이상적인 착지 루트라면 볼이 그린에 떨어져 2~3바운드 후에 정지하는 여유 있는 거리라고 볼 수 있다. 풀스윙이 아닌 짧은 어프로치에서는 프로들조차도 착지하자마자 볼을 세울 수가 없다. 따라서 엣지와 핀 사이의 좁은 틈을 비집고 들어가는 무리한 어프로치보다는 공항의 긴 활주로처럼 그린의 중앙이나 안전 지대를 향하여 어프로치를 할 때에 훨씬 성공 확률이 높아진다. 천하의 잭 니클러스도 언제나 그린 중앙을 공격했다고 한다.

▍볼과 머리는 굴릴수록 좋다

골프가 다른 스포츠와 다소 구별되는 점은 축구 농구 야구 등 일반 구기 종목에서는 순발력과 반사 능력이 뛰어나야 하는데 비해, 골프는 판단력과 상상력이 뛰어나야 한다는 점이다.

골프처럼 여러 가지 종합 정보를 입력한 후에 매 샷을 결정하는 스포츠는 없다고 해도 과언이 아니다. 그래서 '돌대가리 프로와 싱글은 없다'는 농담도 있다.

그린 주변에서 하는 어프로치 샷 중 미적인 기준으로는 로브 샷,

피치 샷, 칩 샷의 순이겠지만, 실속을 기준으로 한다면 칩 샷, 피치 샷, 로브 샷의 순서이다. 그만큼 띄우는 샷보다 굴리는 샷이 안전하고 정확하다는 말이다. 우리나라처럼 포대그린이 많은 경우 피치&런 샷이 칩 샷보다 더 효율적일 때도 많지만 일단은 떠있는 시간(Air time)보다 구르는 시간(Roll time)이 긴 샷이 안전한 것에는 이론의 여지가 없다.

숏게임은 숏 스윙이 아니다

드라이버나 아이언의 경우에는 피니시/팔로우스루를 잘 하면서도 그린 주변에서 어프로치를 할 때에는 스윙을 급하게 마치는 골퍼가 의외로 많다. 그래서 백스윙은 큼직하게 하고 임팩트 때에 그저 툭 치고 말아서 볼이 바로 코 앞에 떨어지는 장면을 심심치 않게 보게 된다. 오히려 어프로치건 퍼팅이건 숏게임은 피니시를 여유 있게 잘 해야 한다. 숏게임은 숏 스윙이 아니기 때문이다.

소렌스탐의 숏게임을 눈여겨보라. 그녀는 어프로치이건 퍼팅이건 볼이 홀에 들어갈 때까지 피니시 동작을 갖추고 있다. 보통의 경우 백스윙보다 팔로우스루가 언제나 길다. 어프로치 때에 볼이 홀에 들어갈 때까지 피니시 동작을 잡아준다면 그것만으로도 방향성이 현저하게 좋아지며, 대체로 홀에 크게 못 미치는 아마추어들의 어프로치를 훨씬 홀에 가깝게 붙여준다. 어프로치도 길어야 한다. 그래야 지나가는 길에 운이 좋으면 덜컹하고 홀에 빨려 들어가 상큼한 버디 맛도 보게 되는 법이다. 숏게임은 숏 스윙이 아니다. 숏게임도 짧은 것보다는 길어야 훨씬 좋다.

The longer, the better.

● 코스 매니지먼트 특강 9 ●

퍼팅 1_ 작은 것에 충실해야 골프가 정복된다

퍼팅의 중요성을 잊고 있는 골퍼들이 많다. 미국의 골프 보고서에 의하면 퍼팅은 스코어의 43%에 해당된다고 한다. 나의 최근 700라운드 통계를 살펴보면 스코어의 41%가 퍼팅이다. 이 말은 평균 100타를 치는 골퍼는 41개 이상, 90타를 치는 골퍼는 37타 이상이 퍼팅 스코어라는 사실이다. PGA나 KPGA에서 티샷이 잘 맞아서 우승을 하게 되었다는 소감을 들어본 적이 없다. 얼마 전 한국에 와서 X캔버스 시합에서 우승을 한 줄리 잉스터가 우승 후 인터뷰 때에 "스윙이 안 되어서 시합 내내 고생을 했는데, 다행히 퍼팅이 안정되어 트로피를 받게 되었다"고 소감을 말했다.

작은 것에 충실한 자가 골프를 정복한다

세계 랭킹 1위 타이거 우즈는 그 이미지가 카리스마 있는 장타자다. 그가 장타자임을 부인할 수는 없다. 그러나 실제로 그의 경쟁력은 다른 곳에 있다. 2000년 종합 드라이빙 1위, 파온율(greens in regulation) 1위, 2001년부터 연속 2년 간 스크램블링 1위 (정규 온그린이 안 되었을 때에 파 또는 그보다 좋은 스코어로 마무리하기) 등 그의 게임은 찬란했다. 반면에 2003년에 그의 통계는 종합 드라이빙 45위, GIR 26위, 스크램블링 57위, 퍼트수 32위로 도저히 세계 1위를 고수할 수 없을 것 같았음에도 굳건히 1위의 자리를 굳힐 수 있었다.

비결은 바로 1.2미터짜리 퍼트 성공률 1위 때문이었다고 볼 수 있다. 사실 타이거 우즈는 티샷을 숲 속으로 자주 쳐 넣기도 하고, 때로는 엉뚱한 아이언 샷으로 실수도 하지만, 텔레비전에 잡히는 그의 숏 퍼트만큼은 빠지는 것이 없고, 우승을 좌우하는 절대절명의 퍼팅은 거의 놓치는 법이 없었다. 결국 드라이브를 정확히 멀리 치는 것보다, 1미터 퍼팅을 놓치지 않았고 그런 작은 것에 충실함이 그를 세계 랭킹 1위로 만든 셈이다.

저 높은 곳을 향하여

내가 퍼팅 그린으로 가면서 흥얼거리는 찬송가가 있다. "저 높은 곳을 향하여 날마다 나아갑니다. 내 뜻과 정성 모두어 날마다 기도합니다~~" 누구든지 나에게 퍼팅에 관한 조언을 구할 때 나는 이 찬송가 가사를 소개한다. 왜냐하면 여기에 기가 막힌 퍼팅의 원리가 숨어 있기 때문이다.

첫째는 물이 높은 곳에서 아래로 흐르듯, 볼은 높은 곳에서 아래로 떨어진다. 그래서 홀의 높은 쪽으로 가는 볼은 아래로 떨어지지만, 홀의 아래쪽으로 가는 볼은 영영 들어갈 기회가 없는 법이다. 오르지 못하면 떨어지지 않는다는 원리이다. 그래서인지 이를 두고 위로 가면 프로 사이드 아래로 가면 아마추어 사이드라는 말이 있다.

둘째는 골퍼라면 모두 브레이크(경사)를 관찰할 때 정면에서 볼 때와 반대쪽에서 볼 때의 경사가 틀려 고민한 적이 있으리라 생각한다. 다시 체크할 시간이 없다 보니 "에라 모르겠다" 하면서 퍼팅을 하기 십상이다. 나는 이런 경우 낮은 쪽에서 높은 쪽으로 바라보는 경사를 기준으로 삼는다. 즉 헷갈릴 때에는 높은 곳을 향하여 바라본 경사를 기준으로 퍼팅을 한다는 말이다.

클럽 페이스(Face) 정열하고 오픈 스탠스를 취하라

아주 짧은 퍼트를 탭인할 때를 제외하고는 대부분의 프로들이 먼저 퍼터 페이스를 볼 뒤에 정렬을 시킨 후, 어드레스를 하고 퍼팅을 한다. 타이거 우즈는 헤드 페이스를 정렬하고 스탠스를 취하는 18초 내외의 프리샷 루틴을 단 한 번도 빼먹은 적이 없다고 한다. 아마추어의 경우에는 더욱 그렇게 하는 것이 좋다. 왜냐하면 어드레스를 먼저 취하였을 때에는 실패한 퍼팅이 잘못 친 것인지, 방향을 잘못 본 것인지를 구분하기가 어렵고 따라서 그와 비슷한 거리의 퍼팅이 남을 때마다 계속 불안감을 떨치기 어려워지기 때문이다.

퍼팅을 위한 어드레스를 할 때에 오픈 스탠스를 권한다. 왼발을 뒤로 약 15도 정도 뺀 후에 약간 밖으로 열면 퍼팅의 궤도(path)가 똑바로 나가기 쉽기 때문이다. 한국 최다우승 기록을 가진 퍼팅의 달인 최상호 프로는 엄청난 오픈 스탠스를 취하는 편이다.

퍼팅 2_ 고수는 벽치기를 좋아한다

H골프장 챔피언을 지낸 S레저의 K사장과 라운드를 할 때였다. 그날 동반하였던 H신문 골프 기자가 퍼팅을 잘 하는 비결이 무엇이냐고 물었을 때, K사장은 "저는 홀의 뒷벽을 보고 퍼팅을 합니다"라고 대답하였다. 그 말을 듣는 순간 나는 정신이 번쩍 들었다.

홀의 뒷벽을 맞춰라

대체로 아마추어들은 퍼팅을 할 때에 막연히 홀 전체를 쳐다보거나 또는 홀의 어느 쪽으로 들어가게 할 것인가 앞쪽의 지점을 많이 주시한다. 결국 대부분 실패한 퍼팅은 짧아서 들어가지 못하게 된다. 우리가 흔히 들어온 'Never up, never in'은 '다다르지 못하면 들어가지 않는다'는 퍼팅의 진리인데, 홀의 뒷벽을 목표로 주시하고 그곳을 맞춤으로써 짧은 퍼팅의 성공률을 크게 높일 수 있게 된다.

유심히 살펴보면 퍼팅의 고수들은 역시 과감하게 뒷벽치기에 능한 명수들이다. '퍼팅은 뒷벽을 맞고 떨어지게 하라'는 주장은 숏게임 전문가 데이브 펠츠의 '17인치를 지나가게 쳐라'는 원리와 일맥상통한다.

손버릇이 나쁘면 퍼팅도 나쁘다

의외로 많은 골퍼들이 퍼팅을 할 때에 손목을 심하게 쓰는 경향을 보인다. 물론 일본의 고참 프로 아오끼 선수같이 손목으로 때려서 거리를 조절하는 유명 선수도 없지는 않다. 그러나 손목을 많이 쓸수록 또 때려서 하는 퍼팅일수록 정확도가 떨어진다는 것은 보편적으로 잘 알려진 사실이다. 그래서 최근에는 손목을 쓰지 않기 위해서 왼손을 오른손으로 감싸거나 또는 리버스(Reverse) 그립으로 퍼팅하는 골퍼들이 많아졌다.

손목의 움직임을 억제하기 위한 방편으로 볼의 위치를 스탠스의 조금 오른쪽에 놓고, 양 손이 볼의 전방에 위치하도록 하면 어프로치의 핸드 퍼스트와 같은 개념으로 많이 좋아진다.

팔로우스루를 잘 해야 퍼팅의 명수

쓰리 퍼트를 잘 하는 골퍼들의 공통적인 특징은 첫번째 퍼팅이 짧은 점이다. 그런데 그 퍼팅이 짧은 이유는 임팩트 이후에 팔로우스루가 무척 부족하기 때문이다. 대체로 팔로우스루가 길어야 볼에 오버스핀이 먹으며 앞으로 힘있게 전진한다. 그런데 힘으로 때리고 팔로우스루가 없으니 임팩트 직후에는 꽤나 힘차게 굴러가지만 목표점을 한참 못 미쳐서 비실비실하게 되는 경우가 많다.

나는 퍼팅의 팔로우스루를 대단히 강조한다. 후배들에게 조언을 할 때에 볼이 홀에 들어갈 때까지 퍼터로 홀을 가리키라고 주문한다. 유명한 선수일수록 퍼팅의 팔로우스루가 확실히 길다. 연습 때에도 지나치리만큼 팔로우스루를 길게 하는 습관을 가져야 한다.

퍼팅 헤드업은 치명적

아마추어 골퍼들에게서 가끔 이런 질문을 받는다.

"애니카 소렌스탐은 매번 헤드업하면서도 볼을 잘만 치던데, 왜 헤드업이 그렇게 중요합니까?"

그럴 때 웃으면서 이렇게 대답을 한다.

"애니카처럼 천만 번 정도 스윙했으면 헤드업을 해도 무방합니다."

그런데 중요한 것은 천하의 소렌스탐도 퍼팅할 때는 절대로 헤드업하지 않는다는 사실이다. 골퍼에 따라 스탠스가 좁기도 하고 넓기도 하며, 오픈 스탠스 또는 크로즈드 스탠스, 정상 그립 또는 역 그립 등 그 방법이 무척 다양하다. 그래서 퍼팅에는 정답이 없다고 한다. 그러나 중요한 한 가지 사실은 어떠한 경우라도 머리를 잘 고정시켜야 한다는 점이다.

적어도 임팩트 순간까지는 흔들리면 안 된다. 머리가 들려지는 순간 얼라인먼트가 깨지면서 성공 확률은 현저히 떨어지게 된다. 그래서 헤드업의 명수라는 소렌스탐 선수도 퍼팅 때만큼은 결코 헤드업을 하지 않는다.

종합편 1_ 생각만 바꿔도 파가 보인다

화려한 샷을 잘 하는 골퍼보다, 꾸준히 실수하지 않는 골퍼가 언제나 승리한다는 것은 골퍼들 모두가 잘 알고 있는 사실이다. 그러면서도 '언제나 한 방'을 외치는 아마추어들이 의외로 많다. 그래서 다 잡은 고기를 놓친 낚시꾼같이 싱글 스코어의 문턱에서 허무하게 쓰러져 좌절하기도 한다. 쉬운 홀은 단순하게, 그리고 어려운 홀은 겸손하게 플레이하면 늘 좋은 결과를 얻을 수 있다. 골프 스코어는 기술보다 생각이 우선이고 마음 다스리기가 좌우하기 때문이다.

그래서 나는 고스톱은 운7 기3, 골프는 心7 技3이라고 이야기한다.

쉬운 홀은 가장 단순하게 쳐라
골프장에는 흔히 캐디들이 "서비스 홀입니다"라고 하는 짧고 쉬운 홀이 몇 개 있다. 이런 홀에 서면 어떤 골퍼들은 의욕과 욕심이 앞선다. 그러나 클럽 챔피언급의 막강한 아마추어라도 실제로 이런 홀에서 버디를 낚을 확률은 1/3이 채 되지 않는 것이 사실이다.

거리에 죽고 사는 K는 핸디캡 12면서도 이런 홀에서 보기나 더블을 밥 먹듯이 한다. 장타자인 그는 340야드 정도의 파 4홀에서 270야드의 장타를 힘껏 날려서, 70야드 거리를 남기고 웨지 컨트롤 샷을 하는 경우가 많다. 그보다 거리가 짧은 동반자들은 세컨 샷으로 100~140야드의 숏 아이언 풀스윙을 하기 때문에 온그린을 잘 시킨다. 동반자들이 온그린시키는 것을 보면서 K는 웨지 샷을 핀에 붙여 버디를 낚는 장면을 보여주겠다는 생각에 스스로 근육을 긴장시킨다. 그리고는 웨지 컨트롤 샷을 실패하며 온그린을 시키지 못하고 몹시 흥분하면서 계속 실수를 연발하여 허물어진다. 쉽고 짧은 홀은 단순하게 쳐야 한다. 특히 세컨 샷은 컨트롤 샷이 아닌 풀스윙으로 해야 쉽게 파를 잡는다.

버디는 축복으로 찾아오는 것이고 파가 기본이기 때문이다.

어려운 홀은 절대 겸손하라

아무리 쉬운 골프장이라도 몇 개의 홀은 아주 어렵게 조성되어 있다. 거리가 길지 않은데도 핸디캡이 1 또는 2인 홀에는 반드시 무엇인가 복병이 숨어 있다는 사실을 명심해야 한다. 스트록 인덱스 1인 홀이란 핸디캡 1 정도 실력자라야 파를 할 수 있는 홀이라고 보면 된다. 보기 플레이어가 이런 어려운 홀에서 겁 없이 덤빈다면 보기가 아니라 더블보기, 트리플 또는 그 이상으로 피바다를 부르기 십상이다. 어려운 홀에서의 위험 지역은 철저히 우회하고, 차라리 짧더라도 안전한 루트를 따라 공략하며, 핀보다는 그린의 중앙을 노리고 때로는 온그린이 안 되더라도 안전지대를 택하여 세컨 샷을 해야 한다. 어려운 홀에서는 '보기가 파'라는 생각으로 일단 보기를 확보하는 작전을 펴야 현명하다.

작은 것에 목숨 걸지 말라

몇몇 골프장은 홀의 짧은 거리를 그린의 심한 언듈레이션이나 페어웨이의 좁은 착지 지점을 만들어서 난이도를 유지하기도 한다. 의욕이 앞서는 물싱글들은 야디지가 짧다는 것 하나만을 염두에 두고 욕심을 내게 된다.

얼마 전에 열렸던 브리티시 오픈에서 세계적인 프로 선수들이 깊은 벙커가 있는 위험지역을 피하여 우드 또는 아이언 티샷을 하는 것을 보았다. 게임 플랜을 가지고 있는 그들도 매 홀마다 티잉 그라운드에서부터 버디를 노리지는 않는다. 티샷은 세컨 샷하기 가장 좋은 지점을 선택, 그곳으로 보내는 것이 최우선이고 세컨 샷 때에는 그린 어느 지점으로 샷을 보낼 것인가를 판단한다. 홀의 위치가 깊은 벙커 바로 뒤에 있는 홀에서는 모두가 핀 하이로 볼을 쳐서 안전하게 공략을 하는 것을 보았다. 물론 경기 흐름을 좌우할 만큼 버디가 중요한 것은 사실이다. 그러나 마찬가지로 버디 하나를 잘못 추구하다 받게 되는 처벌은 더 가혹할 수가 있다. 어떤 경우라도 소탐대실(小貪大失)의 과오를 범하지 말자. 큰 위험, 작은 보상(Big risk, small return)은 패가망신 전략이기 때문이다.

종합편 2_ 슬기로운 골퍼의 실속파 지혜

　　　　　　　　　　　　　　　　　　지혜의 왕으로 불리는 솔로몬이 왕이 되어 하나님께 기도를 드리니, 하나님께서 구하는 대로 주시겠다고 하였는데, 솔로몬이 구한 것은 오직 분별하는 지혜였다. 그랬더니 하나님께서 "너의 구하지 아니한 부와 영광도 네게 주겠노라" 하셨다. 골프에서의 분별력 있는 지혜는 실제로 많은 보탬을 가져온다. 마음과 몸을 잘 다스리니 거리와 방향이 늘기도 하고, 조금 양보하였더니 더 스코어가 좋아지는 것이 골프 아닌가?

70% 성공 확률로 플레이하라

　주변의 골퍼들이 나의 골프 전략을 한 마디로 이야기한다면 무엇이냐고 물을 때마다 서슴없이 '70%의 성공 확률 전략'이라고 답변한다. 반반의 성공 확률에는 어떤 골퍼도 자신있는 스윙이 나오지 않는다. 예를 들어 아마추어가 왼발 내리막 라이에서 3번 우드를 쳐서 깨끗하게 200야드 이상 칠 확률이 얼마나 되겠는가? 그 샷이 미스 샷이 되었을 때에는 7번 아이언 샷보다 훨씬 결과도 부실하고 마음에 남는 상처가 크다. 매샷을 90%의 성공 확률로만 친다면 그 골프는 도전적이 아니라 재미가 없어진다. 셋 중에 둘은 성공한다는 샷만 추구한다면 아마추어도 결코 실망스럽지 않은 스코어를 낼 수 있다.

급하면 그립을 내려잡고 평소에도 그렇게 하라

평평한 곳에서 티에 꼽고 치는 드라이버 샷이 7번 아이언보다 왜 더 어려울까?

"웨지 샷 풀스윙은 만만한데 롱 아이언은 전혀 못 치겠어."

이런 이야기는 누구나 수시로 듣는다. 가장 큰 이유는 간단하다. 채가 길기 때문이다. 나는 요즈음 노인복지회관에서 노인들께 자원봉사로 주 1~2회 골프 강습을 하고 있는데 그립을 잡을 때 첫번째 주문이 모든 클럽을 똑같이 10% 내려잡으라고 권해 드린다. 교회나 성당에 다니는 분들께는 '그립의 십일조'라고 설명한다. 프로가 아닌 다음에야 그립을 다소 짧게 잡아야 콘트롤이 좋아지고 스위스팟에 정확히 맞힐 수 있고, 그래야 거리가 섭섭치 않게 나간다. 천하의 소렌스탐이 그린 주변에서 어떻게 그립을 잡는가 유심히 살펴보시라.

버클이 돌아야 몸통이 돈다

아무리 수영을 잘 한다 하더라도 씽크로나이즈드 선수처럼 부드럽게 동작할 수 없을 것이고, 아무리 스윙이 좋아도 어려서부터 익혀온 프로들의 스윙과 같을 수는 없다. 주니어 출신이나 프로들은 허리를 조금 돌리고도 상체를 많이 틀어서 몸통의 꼬임(coiling)을 크게 하여 장타를 친다. 그것이 일반적인 X-팩터이론(어깨의 회전각과 허리의 회전각 차이가 클수록 몸통 회전이 잘 되어 거리가 는다는 이론)이다. 그러나 그것은 나이 40이 넘어 골프를 배운 아마추어에게는 그림의 떡이다. 그저 관람용이란 말이다. 몸이 굳어 골프를 배운 아마추어는 모름지기 백스윙 때에 배가 함께 돌아주어야 스웨이(Sway)하지 않고 몸통 회전을 잘할 수 있는 법이다. 버클이 돌아야 몸통이 돌고, 몸통이 돌아야 거리가 난다.

▍실수 후엔 높이 띄워라

천하의 타이거 우즈도 한 라운드에 3~4개의 엉뚱한 실수가 나온다. 싱글 핸디캐퍼인 나는 라운드당 거리나 방향이 터무니 없는 샷의 실수가 평균 12개 이상이다. 이 숫자는 나의 핸디캡 2배에 해당된다(물론 퍼팅을 제외한 숫자임).

그런데 이 실수라는 것이 언제나 함께 몰려 다니며 큰 불행을 일으키는 것이 골프의 속성이다. 농구나 축구에서도 우리 팀이 계속 수세에 몰리면 감독이 잠깐 타임아웃을 요청한다. 골프에서도 이런 타임아웃이 필요한데, 그렇다고 경기를 나 때문에 중단시킬 수는 없다. 더구나 큰 실수를 한 후에는 골퍼들 대부분이 많은 마음의 상처를 받고 더욱 조급해진다. 그래서 마구 덤비다가 아주 지옥행으로 전락하는 경우도 생긴다.

나는 실수 후 첫 샷을 언제나 쉬운 채로 높이 띄운다(둥근 해가 떴습니다, 노래를 하면서). 그것이 나쁜 흐름을 끊는 현명한 타임아웃 전략이다. 설사 지금 높이 띄우느라 짧게 쳐서 반 타쯤 손해를 보았다 하더라도 게임 전체를 보면 별로 심각한 손해가 아니기 때문이다.

종합편 3_ 파 3홀, 파 5홀의 전략이 성공의 지름길

프로에게는 가장 버거운 파 3홀들이 아마추어가 가장 파를 쉽게 잡을 수 있는 곳이고, 프로들이 가장 편하게 여기는 파 5홀이 아마추어들에게는 늘 부담스러운 홀이 된다. 장타자인 타이거 우즈는 파 5홀의 버디 확률 52.2%가 파 3홀의 버디 확률 15.2%보다 무려 세 배가 높지만, 중급자 아마추어의 경우에는 파 3홀의 파 확률이 파 5홀의 파 확률보다 훨씬 높다.

이유는 간단하다. 파 5홀에서 아마추어는 최소한 2개 이상의 좋은 샷을 해야 파가 잡히지만, 파 3홀에서는 단 한 번의 티샷만 잘 해도 파가 손에 잡히기 때문이다.

파 3홀은 이렇게 공략하자

언제나 일정하게 티업한다

즉 꼭 티를 꼽고 샷을 한다. 많은 골프장이 인조 잔디나 매트를 깔아 놓는데, 천연 잔디와는 달라 임팩트 후에 채가 제대로 빠져 나가지 못해 샷이 흐뜨러지는 경우가 많기 때문이다. 여자 장타자인 로라 데이비스는 티를 쓰지 않지만, 아마추어가 따라 하면 손해보기 십상이다. 그리고 언제나 티업을 한 다음 3~4걸음 뒤에서 조준한 후에 샷을 하라. 티 꼽고 일어서서 급히 샷을 하면 실수를 하게 된다.

핀의 유혹에 빠지지 말라

천하의 잭 니클러스가 평생 핀을 향해서 샷을 해 본 적이 없다고 술회한 적이 있다고 몇 번이나 나는 강조했다. 그는 깃발을 향해 샷을 하기보다는 언제나 안전한 지점을 향해 샷을 했다. 파 3홀의 벙커나 해저드는 대체로 핀을 향해 공격하는 골퍼들을 쓰러뜨리기 위해 존재한다. 그래서 파 3홀에서 자신의 실력을 망각한 무모한 공격은 샷 하나의 실수로 엄청난 재앙을 초래하게 된다. 설사 온그린이 안 되더라도 무조건 해저드를 피해서 다음 샷을 하기에 편할 안전한 지점을 확보하는 것이 아마추어의 현명한 방법이다.

길게 핀 하이로 티샷한다

심한 내리막 경사의 그린이 아니라면 다소 핀을 지나가게 한 클럽 길게 잡고 깃발을 맞힌다는 기분으로 샷을 해야 한다. 뒷팀에 싸인을 주면 아마추어들의 파 3홀 티샷이 대부분 핀에 못 미치는 짧은 샷일 때가 많다. 프로들의 홀인원 확률이 아마보다 아주 높은 것은 그들이 핀 하이 샷으로 길게 치기 때문이다.

파 5홀을 다스리자

프로나 아마추어 상급자처럼 파 5홀에서도 안정적으로 파를 얻을 수 있다면 라운드마다 아주 좋은 스코어를 만들 수 있다. 이렇게 파 5홀을 다스려 보자.

공격과 수비를 확실히 정하자
1~2개의 무난한 홀과 1~2개의 까다로운 홀을 구분하여 공략한다. 짧으면서도 벌타 위험이 없는 경우라면 2타에 온그린을 시도하거나 또는 그린 근처까지 공격적인 플레이를 펼쳐서 파를 확보한 후에 버디를 노려본다. 그러나 다소 짧은 파 5홀이라도 아주 쉽게 파를 얻을 것으로 예상하여 방심하면 안 된다. 또한 야디지가 길면서 해저드 위험도 있고 언듈레이션이 심한 홀은, 처음부터 무리하지 않게 안전 운행을 해서 한 홀에서 크게 망가지는 현상을 없애야 스코어의 안정을 이룰 수 있다.

가장 중요한 세컨 샷을 잘 결정해야 한다
많은 아마들이 거리를 내려고 생각 없이 세컨 샷에서 우드나 롱 아이언을 쓰며 무리를 한다. 무조건 거리를 내기 위하여 왼발 내리막 라이 같은 곳에서 우드를 잡는다는 것은 자해행위나 다름없다. 지금의 샷보다 더 중요한 세 번째의 샷을 그린에 올리기 편하게 만들어야 한다. 그린에서 아주 가까운 30~40야드 지점이 아니라면 어중간하게 70야드 전후의 웨지 컨트롤 샷 지점은 피하는 것이 좋다. 그래서 가장 좋아하는 거리에서 써드 샷을 풀스윙할 수 있는 거리를 남기는 것이 올바른 전략이다.

실수한 샷으로 어려움에 직면하더라도 당황하지 말라

파 5홀은 홀까지 만회할 수 있는 충분한 거리가 남아 있으므로 다음 샷을 위해 페어웨이의 안전한 곳으로 빠져 나가면 된다. 그리고 네 번째 샷이더라도 자신 있는 샷으로 그린에 확실히 착지시키는 전략을 세워야 한다. 어프로치가 홀에 가까이 붙으면 원 퍼트로 파 세이브를 할 수 있기 때문이다.

● 코스 매니지먼트 특강 14 ●

종합편 4_ 짧거나 긴 파 4홀은 이렇게 쳐라

앞의 장에서 파 3홀과 파 5홀을 잘 쳐야 스코어가 좋다는 설명을 하였다. 그러나 대부분의 골프장은 파 4홀이 10개로 구성되어 있고, 파 4홀이 기본이라는 이야기가 된다. 싱글 핸디캐퍼인 아마추어가 파 4홀에서 파 반, 보기 반을 한다면 비교적 성공적인 경기 내용이 되는데, 나의 경우 파 3홀과 파 5홀에서는 각각 평균 3개 정도의 파를 하지만, 통상 파 4홀에서는 파를 절반도 하기가 힘든다. 그러니까 핸디캡 6인 내가 평균 80타를 친다면 대체로 파 4홀에서 +6을 친다는 뜻이다.

파 4홀은 짧게는 250야드에서 길게는 460야드까지 다양한 거리의 홀로 구성되어 있어 심한 경우 200야드의 차이가 나기도 한다. 그래서 파 4홀이야말로 모두 같은 방법으로 공략해서는 안 된다. 단지 파 4홀에서는 안전하게 티샷을 하는 것이 가장 중요한 기본 전략이므로,

티샷을 하기 전에 미리 해저드를 피할 수 있는 계획을 세우도록 한다. 또한 홀에 관한 정보를 얻기 위해 스코어 카드의 안내도와 거리 마크 위치 등을 미리 확인한다. 그리고 전략을 세움에 있어 편의상 짧은 파 4홀과, 길고 험한 파 4홀의 두 가지로 구분하는 것이 좋다.

짧은 파 4홀

만약에 드라이빙 비거리에 자신이 있어 잘 친 티샷이 그린 근처까지 가거나 또는 아주 쉬운 칩 샷 어프로치를 할 수 있는 곳에 보낼 수 있다면 그린을 향해 직접 공략한다. 그렇지 않다면 티샷을 확실히 안전한 곳으로 보내야 한다. 그것은 대개 티샷 착지 지점에 벙커나 해저드가 있거나 또는 좁은 페어웨이로 인해 티샷을 한 번에 그린에 올리는 것이 어렵게 설계되어 있기 때문이다. 어중간하게 티샷을 해서 웨지 컨트롤 샷이 남게 되면 스코어가 악화되는 경우가 많다. 공연히 캐디의 "서비스 홀이에요"라는 말에 힘만 잔뜩 들어가 형편없는 티샷을 하고 후회하는 골퍼들을 너무도 많이 보았다.

짧은 파 4홀에서는 차라리 가장 마음이 편한 클럽으로 (예; 3번 우드, 5번 아이언 등) 세컨 샷하기 편안한 지역으로 보내고, 그곳에서 숏 아이언 풀스윙으로 세컨 샷을 하게 되면 쉽게 파를 잡는다. 아무리 파 4홀이 짧더라도 중급자들은 버디를 목표로 공략을 하면 화를 부를 수 있다. 그린 중앙에 온그린된 세컨 샷을 원 퍼트로 넣는 버디가 나온다면 그것은 행운으로 간주하라. 짧은 파 4홀에서도 기본 목표는 파로 정함이 현명하다.

긴 파 4홀

대부분 긴 파 4홀은 코스의 난이도가 1에서 8 사이에 있는 만만치 않은 홀이며 아마추어가 티샷을 한 다음 한 번 더 긴 클럽으로 정확히 풀스윙해야 온그린이 될까 말까 하다. 대부분의 골퍼들은 드라이브 샷을 최대한 멀리 보내려고 하고, 그래서 오히려 부실한 결과를 초래하기도 한다. 따라서 클럽 챔피언급 고수가 아니라면 드라이브 샷의 비거리가 짧더라도 정확한 샷으로 페어웨이를 지킬 수 있어야 한다. 또한 무리한 세컨 샷으로 온그린을 시도하지 말고, 그린 앞의 벙커나 해저드를 피해 편안히 어프로치할 수 있는 곳까지 보내도록 한다. 그래도 어프로치가 홀에 붙으면 아직도 파의 기회는 남아 있는 것이고, 일단은 보기를 확보한 상태에서 견실한 전략을 구사해야 한다.

중급자들의 경우에는 긴 파 4홀을 아예 파 5홀로 생각하여 5타로 마무리한다고 생각하면 긴장하지 않고 편하게 볼을 칠 수 있다. 특히 핸디캡 1~4의 어려운 파 4홀은 설사 거리가 길지 않더라도 많은 위협 요인으로 인하여 어려운 홀로 등급 매겨진 것이니 항상 다음 샷을 편하게 잘할 수 있는 곳까지만 안전하게 보내야 한다. 철통 수비의 마음을 먹으면 어려운 파 4홀도 아주 쉽게 보기가 가능해진다. 핸디캡 3의 홀이라면 그 난이도가 핸디캡 3 정도의 골퍼가 파를 하도록 조성된 것이니 중급자에게 보기도 만족스러운 스코어이다.

최종회_ 필승비법 심7 기3

14회에 걸쳐 다양한 측면에서 코스 매니지먼트 전략을 살펴보았다. 골퍼라면 누구나 다 알고 있겠지만 '마음을 제대로 다스리면 언제나 승리를 한다'는 말은 진리이다. 나는 골프를 심7 기3의 운동이라고 자주 이야기하는데 기술보다 중요한 것은 전략이요, 그 중에서도 나를 잘 알고 내 마음을 잘 다스리는 것이 백전백승의 비결이라고 생각한다.

죽어야 살리라

약 10년 전 여름이었다. 회원의 날에 홈코스에서 당시 물싱글이던 내가 오비나 물에 빠뜨린 것 하나 없이 98타를 쳤다. 자포자기를 한 것도 아니고, 마지막 퍼팅까지 최선을 다 했지만 도저히 믿어지지 않는 경기 결과였다. 바로 이틀 후에 업계 선배들의 라운드에 나가는

데, 98타를 친 직후라 사기가 완전히 죽었고 더구나 내기도 세게 하는 팀이라 마치 도살장에 끌려가는 소 같은 심정이었다. "그래 죽기야 하겠나?" 하는 심정으로 무조건 안전 위주로 또박또박 치기로 했다. '티샷이 200야드만 나가도 좋고, 파 온이 안 되어도 안전한 곳에서 어프로치하자' 는 작전으로 철저하게 욕심을 죽이고 꼬리를 내렸다.

그런데 스코어를 의식하지 않고 안전하게 전반 9홀을 마친 후 나는 결과에 깜짝 놀랐다. 이븐파 36, 모든 스킨스를 내가 독식하고 니어핀 하나만 다른 선배가 가져갔다. 나와 스크래치를 하던 선배는 점점 더 욕심을 내다가 허물어져서 보기 이븐 45타를 치고 얼굴은 사색이 되었다(결국 초상집 같은 분위기를 바꾸기 위해 내기는 무효 선언을 했다).

그러나 후반에 베스트 스코어를 기록하여 보자는 마음을 먹는 순간 두 홀 연거푸 더블보기가 나왔다. 깜짝 놀라 초심으로 돌아가서 나머지 홀을 모두 파로 마감하여 76타를 기록하였다. 바로 엊그제 홈코스에서 98타를 친 나로서는 기적에 가까운 결과였다. 능력에 맞는 전략에, 마음까지 잘 다스리면 좋은 결과가 나온다는 것을 나는 그날 확실히 알게 되었다.

▍로마와 싱글은 하루 아침에 이루어지지 않는다

벼락치기로 공부해서 한두 번은 시험을 잘 볼 수도 있다. 그러나 좋은 학교에 입학하거나 좋은 직장에 입사하기 위해서 적합한 방법으로 꾸준히 노력해야만 한다. 많은 골퍼들은 이 사람 말에 솔깃, 저 사람 말에 솔깃 귀동냥으로 레슨을 가름하려고 하며, 재미없는 퍼팅이라고 연습은 하지도 않으면서 필드에서 숏퍼트를 놓치면 얼굴이 붉으락푸르락하기도 한다. 타이거 우즈, 비제이 싱, 그리고 최경주 선수가 얼마나 노력을 해서 그런 자리에 섰는지는 설명이 필요 없다. 아마추어 상급자인 싱글 핸디캡도 화투의 뒷장 맞듯이 쉽게 떨어지는 것이 아니다.

천재는 1%의 영감, 99%의 노력이라는 말같이 골프도 1%의 재능과 99%의 노력으로 이루어진다. 바쁜 직장 생활 중에 또 힘든 회사 경영 중에 충분한 시간을 낸다는 것이 쉽지 않으니, 이 99%의 노력에는 효과적인 시간관리가 잘 포함되어야 하며, 결국 부지런하고 계획적인 사람만이 상급자 자리를 차지하게 된다는 말이다. 그러나 보통의 골퍼라면, '지구상 골퍼 중 평생 100을 단 한 번도 깨지 못하는 사람이 75%나 된다'는 말로 위로받기 바란다.

예절 핸디캡을 낮춰라

프로는 돈이지만, 아마 골퍼가 동반자와 라운드하는 것은 교제가 목적이다. 그런데 가끔 '친구 넷이서 시작했다가 원수 넷이 되어 돌아오는 것이 골프'가 되기도 한다. 또한 골프 잘 치는 사람은 많아도 매너 좋은 골퍼는 찾기가 힘들다는 이야기를 들을 때가 많다.

티잉 그라운드와 그린에서 정숙을 요하는 것, 플레이와 퍼트의 선을 비워 주는 것, 자기 순서에 맞춰 플레이를 잘함으로써 동반자의 리듬을 깨지 않는 것, 언제나 룰에 의해 공정하게 플레이하는 것들이 동반자의 호감을 사고 좋은 사람들과 자주 라운드를 할 수 있게 만든

다. 자신의 골프 핸디캡보다, 남을 배려하는 예절 핸디캡이 훨씬 더 낮아야 성숙한 골퍼로서 사랑을 받는다. 그리고 그것이 훌륭한 골퍼가 되는 바른 길이다.

제3부

접대 골프 성공의 일곱 계단

월간 중앙으로부터 원고 의뢰를 받아 2005년 10월 호 골프 특집에 「성공 비즈니스를 위한 7가지 골프 덕목」이라는 컬럼을 썼다. 최근에는 젊은 골퍼와 여성 골퍼들의 숫자가 급격히 늘었고, 또 골프동호회도 기하급수적으로 늘었지만, 아직도 골프는 비즈니스와 관련된 골프가 꽤 많다고 아니할 수 없다.

골프 컬럼니스트인 Y박사의 말을 인용하자면 혈연, 학연, 지연이 있지만 그 외에 골연이 있다고 한다. 그런데 골프로 맺은 인연이 폭도 넓고 돈독해서 참 오래 간다고 한다. 골프는 연령, 성별, 국경을 초월하여 어울리는 스포츠로 교제에 매우 유용하고 인간 관계의 네트워킹에 중요한 촉매 역할을 한다. 더구나 우리나라와 같이 경제계의 임원이나 간부급 대부분이 골프를 취미로 하는 경우에는 그 중요성을 부인할 수 없다.

접대골프 또는 비즈니스 골프라고 해서 특별히 다를 것은 없겠지만, 효과를 극대화하기 위해서 골퍼들이 갖춰야 할 덕목들을 살펴보기로 한다.

강(强)_ 일단 골프는 잘 쳐야 한다

십여 년 전, 주미 한국상공회의소 의장이며 H그룹 미국 사장이었던 K박사는 싱글 핸디캐퍼로 그 분과 골프 약속을 잡기는 하늘의 별따기만큼 어렵다고 했다. 일도 바쁜데 한국에서 오는 많은 고위층 인사들과 교제 라운드를 해야 하니 웬만한 사람들과는 라운드를 할 시간적 여유를 만들 수 없었기 때문이다. 어렵사리 약속을 만들어 낸 나는 함께 동행한 H그룹의 전무였던 L선배에게 '어떻게 칠까요?' 하며 조언을 구했는데, L선배는 "죽기살기로 잘 치게. 잘 쳐서 이겨야만 다시 한 번 만날 수 있는 기회가 생길 것일세"라고 말했다.

사실 나는 그때 입문한 지 2년이 된 주말 골퍼여서 70대 스코어를 겨우 몇 번 맛본 물싱글 핸디캐퍼였다. 그래서 여행 중에 실력으로 K박사를 이긴다는 것은 쉽지 않았다. 나는 설사 지더라도 강한 인상을 남겨 드리기 위해, 젖 먹던 힘까지 다 들여서 강력하게 볼을 치되 OB와 같은 대형 사고를 치지 않도록 최선을 다하는 플레이를 하기로 작전을 짰다. 그런데 마침 라운드 전날에 폭우가 내려 페어웨이가 심하게 젖어 있어서 시니어인 K박사의 티샷은 구르지 않아 상대적으로 더욱 짧아졌고 비거리가 긴 내가 근소한 차이로 이길 수 있었다.

라운드를 마치고 식사를 하면서 K박사로부터 내리막 라이에서의 퍼팅 요령 등 숏게임에 대한 조언을 구하였다. K박사의 다친 자존심을 세워 드리기 위한 뜻도 있었지만 결국 나에게는 귀중한 숏게임 교육이 되었다. 저녁 식사를 마친 K박사는 헤어질 때 이렇게 당부하셨다.

"다음에 몰래 왔다 가면 안 돼요. 꼭 연락해요. 그땐 거리가 짧고 그린이 어려운 곳에서 다시 붙어야 돼요. 그래야 내가 자존심을 회복하지, 하하하."

보험중개업체 J이사가 골프에 입문할 때, 사장이었던 내가 J이사와 부부 동반으로 식사를 하게 되었다. 그때 나는 J이사의 부인에게 이렇게 이야기했다.

"회사 돈으로 비즈니스 골프를 할 때엔 무조건 잘 쳐야 합니다. 그래야 접대 효과가 커지거든요. 저만 해도 그리 친하지도 않으면서 골프 실력이 형편없는 사람이 함께 골프를 하자고 하면 마음이 내키지 않는답니다. 그러니 주말에 남편이 혹시 집에서 이리저리 뒹군다면 등을 떠밀어서라도 연습장에 나가게 하십시오. 그 대신 입문 1년 이내에 정확하게 100타 안쪽으로 들어오면 회사에서 J이사에게 회원권을 구입해 드리지요."

J이사는 정확하게 10개월 후에 테스트를 청하여 왔고, 멀리건, 기브 없는 라운드로 98타를 기록하였고, 합격 선물로 회원권을 받았다. 그때 기초를 잘 다진 J이사는 지금도 좋은 폼으로 별 연습 없이 80대 중반을 치고 다니는 상급자가 되었고 그와 라운드를 하는 고객들은 모두 즐거워한다.

바둑이나 장기, 심지어 화투마저도 잘 치는 사람과 함께 하는 것이 인지상정이다. 골프도 절대 예외는 아니다. 그래서 일단 골프 실력이 강한 것이 좋다. 그래야 기회가 많이 생기고 또 접대의 효과도 커진다.

용(勇)_ 시원하고 용감하게 친다

회사의 상사와 라운드 할 때에는 주눅이 들어서 못 치겠다는 사람도 있고, 일부러 져주기 위해 살살 친다는 사람도 흔히 보게 된다. 또한 거래선 접대차 골프를 치면 일부러 대충 쳐서 스코어를 조정한다는 사람도 있다고 한다. 잘 모셔야 할 분 앞에서는 드라이브 거리를 의도적으로 줄이기도 하고, 내기를 할 때 일부러 OB를 내기도 한다는 골퍼들 얘기도 많이 들었다. 그런데 상대방이 양식 있는 골퍼라면 위와 같은 행동은 오히려 자신의 이미지를 실추시키기만 한다.

G사 P상무는 주 1회 정도 꾸준히 골프를 치고 구력도 10여 년이 된다. 그런데 그는 여전히 90대 후반에서 헤어나질 못하는 골프 하급자이다. 그는 접대 골프에 대하여 아주 특이한 소신을 가진 골퍼였다. 소위 '거래선보다 잘 쳐서는 안 된다'는 강박관념을 가지고 있었다.

그리고 그의 생각대로 오랜 세월 골프를 하다 보니 플레이 스타일이 소심하고 또 대충대충 하는 쪽으로 굳어졌다. 우스갯소리도 잘 하고 동반자의 볼을 찾기 위해 숲 속으로 달려 들어가는 좋은 매너도 있지만 그와 라운드를 하면 집중하기가 쉽지 않다. 동반자가 쪼잔하게 또는 성의 없이 툭툭 치고 다니는 라운드에서 혼자 집중하기란 여간 어려운 것이 아니기 때문이다. 1,000번 라운드 기록을 다 가지고 있는 매니아인 나로서는 스코어가 망가지기 쉬운 그와의 라운드는 다른 사람과의 라운드보다 재미가 없어 별로 기다려지지 않는다.

이렇듯 호스트의 스타일은 라운드 전체에 영향을 미친다. 자신의 실력이야 하루 아침에 바뀔 수는 없지만, 그래도 동반자를 위해 좋은 분위기를 연출하려면 시원하게 볼을 치는 것이 좋다. 절대로 일부러 져주는 것이 능사가 아니다. 또한 라운드도 코스 공략을 너무 보수적으로 안전만을 택할 것이 아니라, 크게 사고칠 가능성이 없는 곳에서는 과감한 공략을 하는 쇼맨쉽이 필요하다. 랭킹에서 떨어지지만 존 댈리가 갤러리를 많이 몰고 다니고, 세계적으로 팬이 많은 것이나, 야구에서 타율이 높은 타자보다 다소 타율이 떨어지더라도 장타를 잘 치는 타자가 더 인기 있는 것처럼 비즈니스 골프에서는 호스트가 시원한 스타일의 플레이를 하는 것이 동반자들로 하여금 적절한 긴장감 속에서 집중하게 만들어 게임에 보다 재미를 느끼게 해 준다.

내가 좋아하는 골프 친구 I사의 K부사장은 그린 주변 숏게임을 제외하고는 거의 연습 스윙이 없다. 티잉 그라운드나 페어웨이에서 셋업하여 왜글링만 한 후 거침없이 샷을 한다. 그래서 보기에도 시원하고 또 팀 전체를 위해 시간을 단축시켜 준다. 호스트가 매번 여러 차레 연습 스윙을 하고 또 항상 소심하게 플레이를 한다거나, 퍼팅할 때 염불이나 톱질을 하듯 오랫동안 퍼터를 붙들고 있으면 동반자 모두 맥이 빠지게 마련이다. 또한 잘 다루지도 못하는 롱 아이언을 들고 수시로 토핑이나 하면서 플레이를 하면 동반자 입장에서는 아주 답답하기 짝이 없고, 나쁜 장면을 계속 보게 되니 전체적으로 스코어는 하향 평준화가 되기 십상이다. 접대 골프는 우선 통쾌하게 진행되어야 한다. 시원하게 보이는 플레이를 위해서, 잘 뜨고 마음에 편한 클럽을 위주로 거침없이 풀스윙하는 것을 권한다.

수년 전에 골프 클럽 메이커인 N사의 K사장과 라운드를 하였다. 그의 시원한 플레이 스타일에 매우 강인한 인상을 받게 되었고, 사장

을 보니 N사의 제품이 대단히 좋을 것이라는 생각을 갖게 되었다. 얼마 후에 어느 후배가 N사 제품에 대한 나의 견해를 묻기에 내가 직접 써 보지는 못하였지만, "N사 사장이 자사 제품을 가지고 볼을 아주 멋있고 시원하게 치더라"는 이야기를 해 준 적이 있다. 회사의 경영자들은 자기 의사와는 상관없이 때로는 자사 제품의 홍보 요원이 되기도 하는데, 그렇다면 골프도 믿음이 가는 시원한 플레이 스타일로 발전시켜야 한다.

특히 내기 골프를 하게 되는 경우에는 더욱 공격적인 골프를 하는 것이 좋다. 만일 실패한다면 상대방이 기쁠 것이고, 또 성공을 하게 되면 아주 강력한 인상을 심어줄 수 있기 때문이다. 호스트가 주눅이 든 것같이 답답한 플레이를 하면 고객으로부터 제품도 시원치 않고, 또 비즈니스마저도 그렇게 할 것이라는 그릇된 인상을 주게 되기가 쉽다.

● 접대 골프 성공의 세째 계단 ●

예(禮)_ 예절 핸디캡도 낮추어라

접대 골프란 것이 그저 그린 피 내주고 밥 사주고 가끔 내기에서 돈이나 잃어주면 잘하는 것으로 생각하는 사람들이 참 많은 것 같다. 그러나 그것은 대단히 그릇된 생각이며, 때로는 그런 골프가 아니함만 못한 뼈아픈 실책이 될 수도 있다. 골프 규칙 첫 페이지 제1장은 에티켓으로 시작된다. 골프는 이렇듯 모든 룰과 규칙에 앞서 에티켓을 우선하는 신사 스포츠이다. 따라서 이 에티켓 예절의 문제가 비즈니스 골프에서는 더욱 중요하다.

골프에도 필요한 의전이 있다. 비즈니스 골프에서 가장 사소하면서도 중요한 것이 호스트가 미리미리 준비하는 일이다. 그 중에서도 골프장에 미리 도착하는 것이 필수적이다. 중소기업인 K사장은 오래 전에 큰 실수를 한 번 한 이후 언제나 1시간 이전에 골프장에 미리 도착하는 습관이 생겼다. 그가 나에게 들려준 이야기는 이랬다.

"어렵게 고객을 초청하였지요. 수십 번 요청하여 겨우 승락을 받았답니다. 고객의 마음 편하라고 그의 부하 직원을 동반하게 했습니다. 그런데 골프장 가는 길에 조금 늦장 부리다가 교통 체증에 걸려 티타임에 겨우 도착하였지요. 하필이면 S골프장은 그린 피를 선불받는 곳이라, 프런트에서 그린 피를 지불하겠냐고 묻자 부하직원 앞에서 어색함을 느꼈던지 고객이 두 사람의 그린 피를 지불하였지요. 저는 18홀 내내 마음 불편한 골프를 할 수밖에 없었습니다. 지금은 광에서 인심 나고 여유에서 성적 난다고 믿고 언제든지 골프장에 미리미리 와서 대기하고 또 고객에게 전화를 걸어 어느 길이 덜 막힌다는 정보도 주곤 합니다."

요즈음 프로 시합이건 아마추어 친목 골프이건 핸드폰 공해에 많이 시달린다. 가능하면 핸드폰을 락커에 두거나 진동 모드로 바꿔 놓는 것이 좋다. 대통령과의 면담보다 중요한 고객과의 라운드라고 생각하고 예의를 갖추는 것이 현명하다.

수년 전에 당시 주한 캐나다 P대사와 라운드를 한 적이 있었다. P대사는 예의 바르고 사교적인 인물인데 그가 퍼팅 어드레스를 취하였을 때 동반했던 미군 S골프장 프로의 핸드폰이 크게 울렸다. 어드레스를 푼 P대사는 "그렇게 중요하면 사무실에서 업무를 봐야지 왜 골프를 치러 왔느냐?"는 식의 꾸지람을 하였고 미국인 프로는 당황하여 어쩔 줄 몰라 하다가 엉망진창의 스코어를 낸 적이 있었다. 고객과의 라운드 때에는 아주 위급한 상황이 아니라면 핸드폰 사용을 자제하는 것이 좋다. 잘못하면 "내가 중요한 사람이 아니니까 라운드

중에 저렇게 딴 사람과 통화를 하는구나" 하는 나쁜 인상을 주게 된다. 그야말로 돈 쓰고 효과 없는 행사가 될 수 있다. 나는 그 날 P대사와의 라운드 이후 특별한 날이 아니면 핸드폰은 락커에 두고 필드에 나가고 피치 못할 경우에는 진동 모드로 바꿔서 전동 카트에 놓는다. 그래야 티잉 그라운드, 페어웨이, 그린 같은 곳에서 동반자가 플레이할 때 통화를 하는 결례를 면할 수 있다.

예의 바른 후배 L교수로부터 들은 이야기이다. 좋은 내용이라 회사나 학교 후배들에게 좋은 사례로 알려주기도 한다. L교수는 초보 시절에 복이 많게도 싱글 핸디캐퍼인 선배 몇 사람이 자주 불러 주었다고 했다. 그는 평소에 '핸디캡 차이가 10개 이상 나는 고수가 함께 라운드를 하는 것은 은혜를 베풀어 주는 것이다' 라고 믿고 있었기에 골프장 안에서는 특히 예의를 잘 갖추었고, 예를 들어 선배들의 그림자는 절대 밟지 않고 멀다라도 돌아다녔다고 한다. 혹시 내기에서 돈이라도 따게 되면 프로샵에서 선배가 즐겨 쓰는 볼을 사서 헤어질 때 감사의 인사와 함께 전달하기도 했다. 또한 선배들에게 라운드 후에 이메일이나 핸드폰 문자 메시지로 꼭 감사하다는 인사말을 보낸다고 했는데, 듣기만 해도 흐뭇한 골프 매너이며 고객들에게 이렇게 하면 감동을 줄 수도 있다고 생각한다.

동반한 고객들의 품위를 높여주는 예의 바른 행동으로 캐디피를 봉투에 넣어서 전달하는 것을 강력히 권한다. 간혹 선의 또는 체면 유지차 캐디피를 내겠다고 하는 고객이 있는데, "제가 여기에 준비를 하였습니다"라고 미리 준비한 봉투를 꺼내면, 그것을 마다하고 자기 지갑이나 주머니에서 주섬주섬 돈을 꺼내는 고객은 거의 없다. 또 몇 홀 지난 다음에 미리 캐디피 봉투를 캐디에게 건넴으로써 기분이 좋아진 캐디가 자발적으로 라운드 내내 보다 좋은 서비스를 하도록 유도할 수도 있다. 이런 예절 바른 행동은 접대골프에서 더욱 돋보인다.

● 접대 골프 성공의 네째 계단 ●

신(信)_ 바르게 쳐야 신뢰감을 얻는다

몇 년 전 모 협회의 티칭 자격을 따고 연수를 받을 때였다. 룰과 규칙을 가르치는 강사가 수업 전에 연수생 모두 눈을 감게 하고 그 동안 골프를 치면서 스코어를 속였거나, 몰래 터치 플레이를 하지 않은 사람은 손들어 보라고 했는데, 200명이 넘는 연수생들 중에 단 한 사람도 손을 들지 않았다고 하였다. 그만큼 스코어에 대한 유혹을 떨치기 힘든 것이 골프이다. 다른 운동 경기와는 달리 심판이 따라다니지 않으니 스스로 양심에 따른 판정을 해야 된다. 우리나라 골퍼들처럼 내기를 좋아하고 또 내기의 단위도 큰 경우에는 안 보이는 곳에서 더구나 동반자들이 공공연히 터치 플레이를 하거나 룰을 어길 때 '안 하면 나만 손해'라는 생각이 들어 많은 유혹을 느낀다는 것이 골퍼들 대부분의 생각이다.

옛 회사의 동료로 지금은 세계 굴지 A중개사에 근무하는 존과 로

이드 항공보험의 제럴드는 비즈니스 상대이지만, 오랜 세월 골프로 맺어진 좋은 친구 사이다. 수년 전 A항공사 P사장의 초청으로 한국에 왔을 때, 아시아나 골프장에서 오전에 라운드하고, 날짜 변경선을 넘어 하와이로 날아가서 같은 날에 아시아와 미주에서 각각 플레이를 하게 되었다고 좋아했던 골프광들이다. 나는 수년 간 이들과 국내외에서 수십 차례 라운드를 하였다. 그들은 대개 전반 5파운드, 후반 5파운드, 총 10파운드(약 20,000원)를 걸고 승부를 벌였는데, 언제나 볼이 놓여 있는 대로 철저히 룰에 따라 플레이를 하는 것이 인상적이었다. 오랜 세월을 함께 플레이하였어도 그들 사이에는 단 한 번의 다툼이 없었다고 한다.

그들은 "골프 룰에 클럽은 14개만 허용하는데 가끔 16개의 클럽을 쓰는 사람들이 있다. 그것은 *⁾풋 웨지(Foot wedge, 발로 툭 차는 것), 핸드 웨지(Hand wedge, 손으로 톡 건드리는 것)인데 우리는 그 웨지를 절대로 쓰지 않는다. 또 우리는 서로를 신사적인 스포츠맨으로 신뢰한다"고 말했다.

최경주 선수는 2002년 브리티시 오픈 시합에서 전날 연습 라운드 때 잃어버렸던 똑같은 번호의 똑같은 볼을 발견하였다. 아무도 밝힐 수 없었으며 마커도 플레이한 볼이라고 인정을 하였음에도 자기 볼이 아니라고 양심적으로 선언하고 그 시합에서 예선 탈락했다. 그러나 그 다음 해 이웃 나라 독일로 건너가 독일 마스터즈 시합에서 우승을 하였다. 아마도 최 프로의 정직한 플레이에 대한 하나님의 보상

---

*) 풋 웨지와 핸드 웨지는 외국에서 농담으로 쓰는 표현이다.

이었던 것 같다.

나와 스크래치로 내기를 붙은 Y사장은 형편없는 경기로 많은 돈을 잃을 위기에 있었다. 마지막 홀 위기에서 극적인 파 세이브를 하면서 베스트 스코어를 기록하게 되자, 나는 기념으로 내기를 무효 선언하였다. 80대 중반을 쳐서 사색이 되었던 그가 "골프에서 때로는 이렇게 기적이 일어나기도 한다"며 들려준 이야기이다.

친구들과 아주 세게 내기를 붙었는데, 그 날 따라 Y사장은 샷이 안 되어서 스코어가 엉망으로 무척 돈을 많이 잃었다고 한다. 홀컵이 안 보이는 어느 파 4홀에서 세컨 샷이 대단히 잘 맞았는데 제일 먼저 그린에 올라와 보니 온그린은커녕 주변에서도 볼을 찾을 수가 없었다. 가뜩이나 내기에서 많이 터지고 있는데, 로스트 볼까지 생기니 가진 돈도 다 동이 나게 생겼다고 했다. '빨리 하나 알까고 칠까?' 하는 생각이 언뜻 들기도 했지만, '돈 다 떨어졌으니 배째라'는 심정으로 로스트 볼을 선언하고 그린 주변에서 어프로치를 하였는데, 깃대를 뽑던 친구가 Y사장의 원구가 홀인되어 이글이 되었음을 알려준 것이었다. Y사장은 등줄기에 식은땀이 흘러내렸다고 한다. 행동에 옮긴 것은 아니지만 '만약에 잠시 유혹을 느낀 대로 급한 김에 몰래 알까고 플레이를 했다면······' 그는 유혹을 참은 덕분에 이글 한 방으로 내기에서 이겼다고 했다.

H보험사 C회장은 야구협회장을 역임한 만능 스포츠맨이다. 라운드할 때에 아주 짧지는 않았지만 오르막 평탄한 라이라서 예우상 퍼팅 기브를 드렸더니 "이 거리는 놓칠 수 있는 거리이니 기브받으면 안 됩니다"라고 이야기하고는 제대로 퍼팅을 하여 성공시켰다. C회

장이 스코어에 연연치 않고 룰에 따라 플레이하던 모습은 어느 원로 정치인의 홀마다 멀리건을 받는 엉터리 싱글 핸디캡과 크게 대조가 되어 참으로 신선하게 느껴졌다.

이 책의 앞부분에서 한 말이지만 후배의 아버지인 K교장 선생님께서 나에게 써 주신 서예의 글 신위만사본(信爲萬事本, 매사의 근본은 바른 믿음과 신뢰감이다)이란 말처럼 비즈니스 골프에서도 투명하고 정직한 플레이가 신뢰감을 얻고 결국 길게 승리하는 길이다.

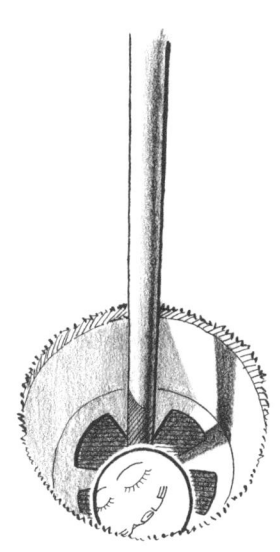

● 접대 골프 성공의 다섯째 계단 ●

지(智)_ 지혜롭게 운영하라

나는 작년 5월 모 골프 잡지사로부터 한국 골프 매니아 5명 중 한 사람으로 뽑혔다. 그것은 지난 15년 간 약 1,000회의 골프 기록을 빠짐없이 가지고 있기 때문이라고 했다. 내가 쓰는 스코어 카드는 골프장의 스코어 카드가 아니고, 10여 년에 걸쳐 개발 보완한 나만의 특별한 스코어 카드로써 모든 기록을 자세히 적을 수 있도록 만들었다. 매홀, 매샷 사용한 클럽과 그 결과, 동반자 스코어 및 그들의 특별한 멋진 샷 같은 것을 빼놓지 않고 기록해 두었다. 그래서 나는 언제 누구와 라운드를 하였으며 그때 동반자는 스코어가 어떠하였는지를 알고 있기 때문에, 최근 몇 년 사이에 어떻게 그의 골프가 발전하는지 알 수 있는가 하면, 또 특별히 거래처 누구에게 소홀하고 있는지도 쉽게 파악이 된다.

나의 그런 습관은 오래 전에 시작된 것이지만, 손해보험협회장을 역임한 P회장과 여러 차례 라운드를 하며 그 분의 노하우를 터득하면서 한층 업그레이드가 되었다. P회장과 라운드를 할 때마다 그 분은 나를 감동시켰다. 예를 들면 "김 사장, 지난 번에 이 홀에서 롱 퍼팅 멋있게 들어가 버디를 했을 때 그 터치가 환상적이었지." 이렇게 말씀하시는 것이었다. 나같이 기록에 닳고 닳은 사람이 깜짝 놀랄 정도라면 일반 아마추어 동반자들은 P회장의 "지난 번에 이 홀에서 세컨 샷 멋있게 핀에 붙였지요?" 같은 멘트에 감복하지 않을 수 없다. 이렇듯 P회장은 동반자의 스코어를 일일이 손수 다 기록함은 물론이고, 코스에서 있었던 특별한 순간 그 에피소드까지 메모를 하여 동반자들에게 좋은 기억을 되살려준다. 컴퓨터에 능숙하지 못한 P회장은 스코어 카드를 전부 모아 두고 있는데, 큰 상자로 하나 가득 된다고 했다. P회장의 특별한 매너로 그와의 라운드는 언제나 좋은 인상을 남긴다.

나는 매끄러운 라운드 진행을 위해, 비즈니스 골프 호스트는 모름지기 룰과 기본 에티켓에 대하여 확실히 알아야 한다고 믿는다. 그리고 게임의 방법과 동반자들 간의 적절한 핸디캡 적용을 위한 상식도 있어야 한다. 현실적으로 비즈니스 골프에서도 적절한 내기가 있게 마련이고 호스트는 깔끔한 진행을 위해서 여러 가지 센스와 상식을 갖추어야 한다.

또한 호스트는 플레이하는 코스에 대한 기초 지식도 파악하고 있는 게 좋다. 코스 소개 책자(Stroke saver)나 인터넷 등에 올려진 코스 공략 자료를 미리 준비하여 동반자에게 제공한다면 그 정성에 감동하고 무척 좋아한다. 그리고 매홀 적절하게 코스 공략법 등을 안내하여 줄 수 있다면 또 그렇게 함으로써 동반자가 좋은 결과를 얻게 된다면 접대의 효과는 더욱 높아진다.

나는 초보시절 워터해저드에 빠졌을 때 아무런 생각 없이 물을 건너가 드롭을 하였다가 고객인 업계 선배로부터 '골프는 룰부터 잘 배우라'는 충고를 듣고 부끄러워 혼이 난 적이 있었다. 그 이후 룰을 열심히 공부하였고, 캐디 백 속에 룰 북 한 권을 언제나 넣고 다닌다. 비즈니스 골프의 호스트라면 가끔 동반자로부터 받게 되는 룰 적용에 대한 질문에 대비하기 위해 간단한 룰은 확실히 파악하고 설명할 수 있어야 한다.

예를 들어 OB가 났을 때 그 자리에서 다시 치면 제 3타, 전진해서 특설 티에서 치면 제 4타, 워터해저드에 빠졌을 때에는 물가로 전진해서는 제 3타, 나쁜 의도가 있었으면 2벌타, 단순한 실수였다면 1벌타를 적용한다는 것과, 아스팔트나 인공 장해물에 떨어졌을 때 구제 방법 같은 것들을 잘 알고 있으면 처신하기가 무척 편하다. 그리고 동반자로부터 상당한 신뢰감을 얻게 된다.

이밖에 최근 열린 PGA시합의 결과라든가 화제가 된 프로 골퍼의 스토리, 진기한 기록 같은 것들을 각종 매체를 통해 파악을 해 두면 라운드 중에 훨씬 자연스러운 대화를 유도해 내는 데 도움이 된다. 10여 년 전에 영국에서 라운드를 할 때 어느 파 5홀에서 13타를 치고 크게 실의에 빠져 있었을 때, 업계 선배로부터 "미국 캘리포니아 어느 골프장 파 5홀에 가면 왕년의 아놀드 파머 선수가 13타를 친 곳이라는 비석이 서 있는데, 세계적인 선수도 그럴 수 있는 것이 골프일세"라는 말을 듣고 금방 마음이 회복된 적이 있었다. 첫 홀에서 엉망진창으로 시작하고 한숨짓고 있는 동반자에게 나는 가끔 이런 이야기를 해 준다.

"한국 최고의 K프로가 첫 홀에서 좌우로 한 방씩 OB 나서 8타를 치고도 그 날 언더파로 끝내더군요."

● 접대 골프 성공의 여섯째 계단 ●

덕(德)_ 나에게 인색하고 남에게 관대하라

고교 동창생 K차관은 친구들 사이에서 좋은 인품으로 호평받지만, 골퍼들 사이에서도 더욱 인기가 좋다. 얼마 전 싱글 핸디캐퍼인 3명과 스킨즈 게임을 할 때 그는 핸디캡 15 수준이라서 친구들이 어려운 네 홀에서 핸디캡 한 점씩 주겠다고 했는데, 정중히 사양했다.

핸디캡 1번 홀에 이르러 친구들이 다시 한 번 그에게 1점 어드밴티지를 주겠다고 하였는데 그는 끝내 사양을 하였다. 그리고 그 홀에서 그는 파를 하고 나머지 싱글 핸디캐퍼들은 모두 보기를 하여 핸디 적용 없이 이겼다. 그는 여세를 몰아 그 날의 스킨즈 1등을 차지했다.

웬만한 골퍼들은 핸디캡을 더 달라고 아우성인데 K차관은 '나에게 짜고 남에게 관대한' 골프 철학을 가지고 있어 덕이 있다. 내가 조금 손해를 보겠다는 마음의 여유가 있어서 그는 아마추어 골퍼치고는 별로 흔들리지 않는 안정된 플레이를 한다. 그 날 "국민들의 뜻으로 핸디캡을 받으라"는 친구들에게 "지도자의 길이 때로는 외롭고, 국민들의 뜻과 다를 수도 있다"는 명언을 함으로써 한바탕 웃음을 자아냈다.

대학 동창생인 D증권 R사장은 나에게 최고의 라이벌이면서 나의 골프를 성숙하도록 만들어 준 고마운 멘토이자 친구이다. 일본 주재원 시절 골프에 입문하였고 영국 주재원 시절 싱글 핸디캡 문턱에 이른 그는, 내가 입문하였을 때 초보자인 나를 잘 지도해 주었다. 하수인 나를 데리고 다녔으며 틈틈이 롱게임 숏게임은 물론 코스 매니지먼트나 마인드컨트롤까지 자상하게 가르쳐 주었다. 나는 그의 덕스러운 지도 아래 그를 벤치마킹 모델로 정하고 그의 좋은 모습을 닮으려고 노력하며 실력과 예절을 키워 갔다.

그에게서 잘 배운 덕분에 나는 골프에서 절제의 중요성을 잘 알게 되었다. 예를 들면 멀리건은 기꺼이 주되 받지는 않는 습관이 그것이다. 라운드 중 이미 멀리건을 받은 고객이 보답으로 멀리건을 주려고 할 때에는, 고객이 불편하게 여기지 않도록, "저 곳에서 그대로 쳐 보는 것이 아주 좋은 연습이 되겠군요" 하면서 완곡히 사양을 한다. 십수년 전에 R사장은 나와 1점당 천원의 내기를 할 때에 그가 천원이라도 따면, 승자가 베풀어야 한다며 그 날 라커룸 근무자, 주차장 요원 팁 등 수천 원을 먼저 냈다. R사장처럼 골프 실력도 좋지만 덕이 많은 성숙한 골퍼들이 많아졌으면 좋겠다.

S사장은 아버지로부터 상당한 재산과 사업체를 물려받은 왕자병 환자이다. 기본 성품은 좋은 사람이지만, 성장 과정에서 주변 사람들

로부터 떠받침을 받다 보니 악의는 없지만 언제나 자기 위주로 생각하고 행동한다. 골프장에서도 자기 마음대로 행동을 하니 본인도 잘 모르는 사이에, 자기에게 관대하고 동반자에게 인색한 편이 되었다. 그래서 라운드에 함께 동행하는 회사의 임원들이 고객 앞에서 민망하고, 또 처신하기가 불편한 상황도 가끔 발생한다. S사장은 "비싼 그린 피 내주고 주말에 좋은 골프장에 초청해 주면 굉장히 잘 접대하는 것임을 고객들이 알아야 한다"고 생각하기 때문이다.

또한 S사장은 친한 고객들과는 격의 없이 행동해야 한다는 생각으로 때로는 룰과 규칙에 개의치 않고 라운드를 하기도 한다. 그는 격의 없는 것이라고 생각하지만, 고객들은 그가 매너 없이 무시한다는 생각을 하게 된다. 그래서 S사장의 경우 고객과 골프를 쳐 봐야 별로 접대 효과도 생기지 않지만, 봉급쟁이 임원이나 간부들은 차마 그 사정을 말해 주지 못하기 때문에 그의 골프는 그렇게 굳어 버렸다.

친구 넷이서 출발하여 원수 넷이 되어 돌아오는 것이 골프라는 우스갯소리가 있다는 말을 앞서도 했다. 실제로도 골프장에서는 동반자들끼리 다투는 장면을 쉽게 본다.

내가 조금 손해를 보는 듯, 나에게 인색하고 남에게 관대한 덕을 베풀면 골프에서도 언제나 좋은 우정을 가꿀 수 있다.

애(愛)_ 사랑의 색안경을 써라

10년 전 일이다. S사 P이사와 라운드를 했다. P이사는 외국에서 골프에 입문한 명랑 골퍼였는데, 당시 평균타 70대 진입을 목표로 세웠던 내가 무척이나 진지하게 볼을 친 것 같았다. 동반하였던 후배 임원이 나에게 "P이사가 골프를 뭐 그렇게 심각하게 치느냐는 이야기도 있었으니 다음 번에는 대충 좀 쳐서 편하게 해 주시죠" 하고 권해 왔다. 그래서 다음 번 라운드 때에는 골프를 너무 쪼면서 친다는 말을 듣지 않으려고 티샷부터 퍼팅에 이르기까지 프리샷 루틴도, 연습스윙도 없이 뚜벅뚜벅 걸어가서 그냥 쳤다. 그런데도 어찌 된 일인지 볼이 잘 맞아서 76타를 쳤다. 그리고 후에 그로부터 들은 이야기가 '왜 그렇게 성의 없이 볼을 치느냐?'는 불평이었다. 그 말을 듣고 기분이 언짢아진 나는 그와 다시는 볼을 안 친다고 마음먹은 적이 있었다.

그런데 P이사와 골프를 한 이후 우연한 기회에 한 선배로부터, "모든 사람과 더불어 화평하게 지내라는 성경 말씀처럼 마음에 들지 않는 사람과 라운드하더라도 더불어 화평하게 볼을 치라"는 말을 듣고 부끄러움을 느끼며 생각을 많이 바꾸게 되었다.

매 라운드마다 지금이 이 사람과의 마지막 라운드라고 생각하고 게임에 임했다. 마음에 들지 않는 고객이라고 하더라도 기왕지사 마지막 라운드이니 유종의 미를 거두기 위해 사랑으로 잘 대해 주는 것이 좋겠고, 또 좋아하는 친구와의 라운드라면 소중하고 아름다운 추억을 남기기 위해 더욱 최선을 다하자는 생각을 갖게 되었다.

사랑의 색안경을 쓰고 동반자들을 쳐다보니 고약한 사람들도 사랑스럽게 여겨졌다. 남들에게 따돌림받는 골퍼들이라 하더라도 자세히 살펴보면 한두 가지씩 확실한 장점을 가지고 있다는 것을 알게 되었다.

모 클럽 챔피언인 K사장과 라운드를 하면 그의 골프장 사랑에 감동을 하게 된다. 골퍼들은 흔히 "비싼 그린 피 내고 볼 치는 데 내 마음대로 좀 하면 안 되냐?"는 생각을 갖기도 한다. 그런데 K사장은 골프장 사주보다도 더 골프장을 아끼고 사랑한다. 그는 단위가 큰 내기를 하더라도 플레이 도중 눈에 띄는 담배 꽁초나 휴지 등을 그냥 지나치는 법이 없다. 벙커에는 잘 들어가지도 않지만 벙커에 들어가면 온 벙커를 다 고르게 치워 놓고 밖으로 나온다. 페어웨이에서 보이는 디봇 자국은 카트에 있는 모래로 메워주고, 볼을 온그린시키면 피치 마크를 남의 것까지 모조리 예쁘게 보수하여 놓는다. 그는 홀에서 볼을 꺼낼 때에도 가능한 한 홀에서 멀리 떨어져서 볼을 꺼낸다. 홀 주위가 손상되면 다른 골퍼들에게 피해를 준다는 것이 그의 골프장 사랑 철학이다. 나도 K사장에게 잘 배워서 그처럼 골프장 사랑을 실천하도록 언제나 노력하고 있다.

IT 중견업체 E사의 L부사장은 C골프장에서 가장 인기 있는 회원으로 뽑혔다. 언제나 누구에게나 미소를 짓는 그는 골프장에서 무척 바쁘다. 만나는 사람마다 인사를 하고 또 그를 본 직원들이나 캐디들은 빠지지 않고 꼭 인사를 하기 때문이다. 나는 그와 라운드하면서 그의 좋은 습관을 관찰할 수 있었다.

예의바른 그는 캐디를 매우 인격적으로 대한다. 시작하기 전에 캐디에게 누가 오늘의 주빈인가를 잘 알리고 캐디를 잘 도와줌으로써 캐디가 주빈인 고객에게 집중하여 정성어린 서비스를 할 수 있도록 유도한다. 그러니 그와 라운드를 하는 고객은 1캐디 4백 시스템 하에서도 최상의 캐디 서비스를 받게 되는 셈이고 라운드 내내 즐거움을 만끽한다. 그는 "제가 캐디에게 사랑으로 베풀면 그 보답이 저의 고객에게 돌아감을 믿습니다"라고 말한다.

골프는 매너의 운동이다. 그리고 모든 매너는 말에서 시작된다. 사랑이 전달된 말은 굿샷으로 연결되지만 사랑이 없는 말은 종종 트러블 샷을 일으키기도 한다.

좋은 골퍼는 기술이 뛰어난 싱글 핸디캐퍼가 아니라 동반자를 사랑할 줄 아는 골퍼라는 사실을 알아야 한다.

L부사장은 동반자 누구에게도 절대로 상처 주는 말과 행동을 하지 않는다. 대신 그는 칭찬과 격려를 아끼지 않는다. 그래서 초보자인 고객들도 그와 라운드하면 평소보다 좋은 기록을 낸다고 좋아한다.

그는 사랑과 칭찬은 고래도 춤추게 하고 초보자 타수도 줄여준다고 말한다. 그렇다. 사랑은 허다한 죄와 허물을 덮는다고 한다. 그래서 골프 덕목도 제1은 사랑이다.

제4부

성숙한 골프를 합시다

골프에도 생명선은 있다

최경주 선수가 세계 무대에서 이름을 떨치고, 많은 한국의 낭자들이 LPGA 무대에서 활약을 하고 있어 대한민국은 세계 만방에 명실공히 자타가 인정하는 골프 강국으로 자리매김을 하게 되었다. 그런데 대한민국 골퍼 그 누구라도 우리가 세계에서 가장 선진 골프 문화를 가지고 있다고 인정하지는 못한다. 골프 강국이면서도 골프 선진국이라고는 할 수 없다는 것이 우리의 양심 고백이다.

미국이나 영국처럼 도처에 골프장이 있고 아무나 손쉽게 싼 비용으로 여유 있게 즐길 수 있다면 과연 우리도 골프 선진국이 될 수 있을까? 물론 그럴 개연성은 높다.

그러나 현재의 열악한 환경 속에서도 우리가 변화하면 얼마든지 더 쾌적한 환경에서 플레이할 수 있다고 믿는다. 우리 스스로를 위해서라도 조금 더 남을 배려하는 마음으로 성숙한 골프를 한다면 그것이 궁극적으로는 나를 위하여 다시 축복으로 부메랑이 되어 돌아온다.

성숙한 골프 그 구체적인 실천 방법으로 다음과 같은 것을 제시한다.

골프의 생명선도 지켜져야 한다

도로에는 넘어서는 안 될 중앙선이 곧 생명선이다.

골프에도 침범해서는 안 되는 생명선이 있는데, 그것이 바로 플레이의 선(Line of Play)과 퍼트의 선(Line of Putt)이다.

플레이의 선은 스트로크 후 볼이 가기를 원하는 방향과 그 방향의 양쪽 적절한 거리도 포함한다. 플레이 선상에 위치하여 플레이어에게 지장을 주는 것은 실제로 플레이어들에게 많은 실수를 일으켜서 타수도 늘리고 시간도 끌게 하는 나쁜 매너로 야구나 농구의 진로 방해 파울과 다를 바 없다.

어느 싱글 핸디 동호회에서 다시 치고 싶지 않은 동반자 1위는 어떤 골퍼인가 의견을 수렴하였더니 오비를 많이 내는 세 자리 숫자 초보자나 쓰리 퍼트를 많이 하는 퍼팅 몸치가 아니었다. 그들이 제일 싫어하는 동반자는 '알 만한 수준인데 자꾸 플레이의 선 또는 퍼트의 선을 침범하는 무례한 골퍼'였다.

한국에서는 골프가 무척 비싼 운동이고, 평균 타수 하나를 줄이기 위해 상급자들은 막대한 시간과 비용을 투자하기도 한다. 그래서 그들은 플레이의 선 침범을 경기 흐름을 끊는 생명선 침범 행위로 규정한다. 나에게 중요한 한 타는 동반자에게도 중요한 것이니 플레이의 선을 꼭 지켜야 한다.

플레이어(Player)와 마커(Marker)의 제도

공식 시합에서는 언제나 플레이어와 마커 제도가 있다. 1홀의 아너(honor)는 2번째 플레이어의 마커(Marker)가 된다. 2번은 3번의 마커가 되고, 4번은 1번의 마커가 되어 플레이를 하게 된다. 그리고 마커는 플레이어의 볼을 확실히 책임감 있게 봐 주는 역할도 한다.

캐디에게는 보조 기능만 기대하고 숲 속에 가든 러프에 떨어졌든 마커가 따라가서 같이 찾아주고 룰도 해석하여 주면, 동반자 모두가 방심하다 잃은 볼을 찾는 시간 낭비도 피할 수 있고, 룰을 어겼느니 마느니 하는 분쟁도 플레이어와 마커 둘 사이에서 공정하고 쉽게 의견 조정이 이루어진다. 플레이어는 본인 이외에 마커와 캐디 두 사람이 자기 볼을 확실히 지켜 볼 것이라는 안도감에 헤드업을 조금 고칠 수 있는 장점도 생긴다.

물론 스코어 카드는 플레이어가 작성하는 것이 옳지만, 설사 캐디가 작성하더라도 플레이어가 명확히 스코어를 밝혀 주어야 한다. 마음이 약한 캐디에게 정직하지 못하게 스코어를 바꾸어 적게 한다면 그것은 신사적인 행동이 아니다.

성숙한 골퍼는 머문 자리가 깨끗하다

우리가 성숙한 골프를 하는 목적은 윈윈(win-win)으로 더욱 즐거운 골프를 함께 하자는 뜻이다. 나에게 귀중한 한 타는 동반자에게도 똑같이 귀중한 한 타가 되는 것이며, 성경에도 '남에게 대접을 받고자 하는 대로 너희도 남을 대접하라' 고 쓰여 있다.

내가 동반자들과 남들로부터 좋은 대접을 받기 원한다면, 먼저 내가 변하여 모범이 되어야 한다. 대접받고 싶은 만큼 상대를 대접하라는 말에 골퍼라면 아무도 이의를 달지는 않으리라고 생각한다.

벙커도 목욕탕도 나올 때가 더 깨끗하게

벙커에 볼이 빠졌을 때 간혹 고르지 않은 발자국에 볼이 놓여 마음이 불편해지고, 끝내는 그로 인해 실수를 한 후 경기 리듬을 잃어 본 경험들이 있으리라.

  몇 년 전에 나는 모처럼 언더파의 꿈이 실현되어 가던 16번 홀에서 가드 벙커에 빠진 볼이 깊은 발자국에 놓인 것을 보고, "이런 나쁜 X, 이렇게 매너 나쁜 인간들은 골프장 출입을 금해야……" 하며 저주 섞인 말을 토한 뒤에 토핑으로 그린을 넘기는 OB를 낸 후 허물어졌던 가슴아픈 기억이 뚜렷하다. 욕설을 한 나에게 저주의 부메랑이 되돌아온 부끄러운 사건이었다. 그러나 벙커든 그린이든 목욕탕이든 들어갈 때보다 깨끗하게 정리하고 나오는 것이 골퍼의 도리이다.

남의 안방은 들어가지도 훔쳐 보지도 말자

  가끔은 파 3홀에서 진행상의 이유로 뒷팀에게 콜을 주고 티샷을 하게 한다.

  그리고 뒷팀이 오는 사이에 앞팀은 온그린시킨 볼들을 퍼팅하는 것이다. 사실 뒷팀에서 온그린시킨 골퍼가 앞팀의 퍼팅을 유심히 보면서 참고하고 싶은 마음을 이해하지 못하는 것은 아니다. 그러나 앞팀이 홀아웃 전에는 분명 그 그린은 앞팀의 안방이나 다름이 없다. 그런 사실을 의식하지 않고 앞팀의 퍼팅 중에 그린에 올라 어슬렁거린다거나, 퍼트의 선에서 플레이를 지켜보는 교양 없는 골퍼가 의외로 많다.

  대부분의 앞팀 플레이어들은 다투기 싫어 아무 이야기를 하지 않지만, 그 마음 속을 들여다보면 속이 부글부글 끓는다. 프로건 아마추어건 경기 흐름을 놓치는 가장 큰 이유 중 하나가 숏퍼트 실수인데, 이런 경우에 기분이 언짢아진 플레이어들의 숏퍼트는 실패를 많이 하게 된다. 만약에 실수를 한 앞팀의 플레이어가 뒷팀의 골퍼에게 짜증이라도 내고 간다면 과연 뒷팀 골퍼들은 아무 일 없었다는 듯이 스코어를 잘 낼 수 있을까?

플레이 순서를 명확히 하자

야구에서 플라이볼을 외야수 둘이서 서로 받으려다가, 또는 서로 받겠지 미루다가 볼을 놓치는 장면을 가끔 본다. 그런 실수를 방지하기 위하여 '마이 볼'을 외치고 플레이를 한다.

내가 본 아주 재미있는 사례가 있다. 핀의 위치가 벙커를 바로 넘은 좌측 가장자리였는데, 비슷한 거리의 서로 다른 방향에서 플레이어 둘이 동시에 어프로치 샷을 하였다. 한 사람은 다소 세게 쳐서 그린을 오버할 볼이었고, 벙커 바로 뒤에서 친 사람은 좋은 탄도로 잘 친 볼이었다.

그런데 두 볼이 부딪치더니 그린을 넘어갈 센 볼은 홀 옆에 멈춰섰고, 잘 친 볼은 거꾸로 밀려서 벙커에 들어갔다. 서로 비슷한 거리였기에 누가 특별히 잘못한 것도 아니었다. 벙커에 볼이 빠진 플레이어는 그 이후 흐름이 끊겨 아주 부진한 경기를 해야만 했다. 이런 사례는 그린 주변에서 한 사람은 롱퍼팅, 다른 사람은 어프로치를 하다가도 자주 발생한다.

때로는 페어웨이에서조차 서로 먼저 치겠지 하고 기다리다가, 그 중 한 편이 상대방으로부터 먼저 치라는 사인을 받고 급히 서두르다가 실수를 하는 경우가 종종 발생하기도 한다. 동반자가 가장 좋은 프리샷 루틴 속에서 볼을 칠 수 있도록 언제나 플레이 순서를 지키고, 애매할 경우에는 꼭 큰 소리로 콜하여 그 순서를 명확히 결정한 후에 플레이하도록 한다.

시간 엄수는 절대 규칙

골프 한 라운드는 워밍업부터 끝날 때까지 약 5시간이 걸린다. 그런데 실제 볼을 치거나 퍼팅을 하는 플레이 시간은 최장 1시간에 불과하다. 그래서 골프는 공을 치는 시간보다 기다리고 준비하는 시간이 훨씬 길다. 필드를 함께 걸으면서 비즈니스 사교도 나눌 수 있고, 우정 어린 대화도 가질 수 있다.

골프 한 라운드 약 5시간은 동반자에게 매우 길고 중요한 시간이다. 따라서 티오프(tee-off) 이전부터 18홀에서 홀아웃을 할 때까지 스스로 좋은 동반자가 되도록 노력해야 한다. 골프는 단순한 스포츠가 아니므로 동반자들의 성숙한 행동이 있을 때 즐거움이 배가 되는 운동이다.

매너가 좋아야 공짜도 친다

고교 후배 J는 샐러리맨 주말 골퍼로 80대 초중반이다.

싱글 핸디캐퍼이건 보기 플레이어건 주변에 있는 모든 골퍼들은 J와 라운드하기를 좋아해서 같이 치자는 주문이 쇄도한다. 때로는 주최측에서 초대하는 소위 공짜 골프도 가끔 한다. 결코 그가 골프 실력이 좋아서가 아니다. 오직 이유는 J의 분위기 조성능력 때문이다.

그는 함께 라운드를 하는 골퍼들을 아주 편하게 대해 주는 재주를 가졌다. 동반자가 OB를 내거나 물에 빠뜨리거나 하면, J는 잘 위로해 준다.

"캘리포니아 어디에 가 보니까 아놀드 파머 아저씨가 전성기 때에 한 홀에서 13타를 쳤다는 비석을 세워 놓았던데, 골프 다 그럴 수 있습니다. 천천히 치세요. 저도 오비 두 방에 그것도 모자라 물에 빠뜨리고 파 5홀에서 13타만에 홀아웃한 적도 있답니다. 하하하."

동반자가 가까운 거리의 숏퍼트를 실패하여 시무룩하면 또 이렇게 위로를 한다.

"지난 번 US 오픈 마지막 날 17번 홀에서 필 미클슨이 짧은 거리에서 두 번이나 퍼팅을 놓친 적이 있는데, 퍼팅이란 게 원래 세계적인 선수들도 그렇게 안 될 때도 있답니다."

J는 라운드 도중 분위기 살리는 농담도 잘 하지만, 동반자들이 잘못 친 것에 관해서는 설사 친구끼리 하는 내기 골프라도 절대로 약올리거나 상처를 주는 발언을 하지 않는다. J의 이런 태도가 사람들로 하여금 그를 매우 인기 있는 골퍼로 만든 셈이다.

시간 좀 지키라구요

예닭골 동호회 게시판에 나쁜 매너사례로 올라 있는 글이다.

시간 좀 지킵시다! 티오프 타임이 다 되어 가는 데, 도착하지 않는 동반자. 처음에는 걱정합니다. 무슨 일이 있나?
그러다가 5분밖에 안 남았는데 도착을 안 하면 휴대폰을 겁니다. 삐삐삐. "죄송합니다. 전화가 꺼져 있어 어쩌구 저쩌구……"
머리에서 김이 납니다. 붉으락푸르락……

어쩔 수 없이 티잉 그라운드로 이동을 하지만, 이미 마음의 평정을 잃었습니다.

1번 홀 티샷? 토핑으로 바로 코 앞에 떨어졌습니다.

흐이구~ 제발 일찍 도착해서 다른 사람에게 심리적 초조감으로 인한 지장을 주지 맙시다.

많은 골프장이 최소한 3명이 되어야 플레이를 하도록 허락한다. 그런데 3명 중 한 사람이 도착을 하지 못하면, 아예 볼을 못 치게 되는 수도 있다.

나의 시간이 중요한 것처럼, 동반자들의 시간 역시 귀중하다.

골프에서 시간 약속은 정말 철저히 지켜져야 한다. 나는 최소한 1시간 전 도착을 기본으로 하고 있음에도, 지난 5월 모 클럽 시합 때에 교통체증으로 티타임보다 무려 30분이나 늦어, 바뀐 팀으로 늦게 티오프했다. 그날 동반자들은 모두 죽을 쑤었고 내 스코어는 핸디캡의 2배나 되었다. 얼마나 미안하던지 쥐구멍을 찾고 싶은 심정이었다.

남의 볼 보기를 돌같이 하라

골프는 한 타 한 타 애정을 가지고 집중하여 플레이할 때에 좋은 스코어가 나오며 그 결과 기쁨이 커진다. 많은 고수들이 실력이 없어 볼 못 치는 사람과는 기꺼이 함께 하지만, 골프 실력은 있어도 남을 배려하지 않는 골퍼와는 라운딩을 기피하는 것이 현실이다. 동반자는 물론 다른 골퍼들을 위해서도 배려를 하는 것이 진정한 상생 골프의 첩경이다.

핸드폰이나 잡소리 내지 마라

모 프로 시합 마지막 날에 갤러리로 간 적이 있었다. 한 프로선수가 그때 오랜만에 우승 기회를 잡고 리더로 가고 있었는데, 후반의 어느 홀 그린에서 퍼팅 순간 울렸던 핸드폰 소리에 짧은 퍼트를 놓치고 보기를 하더니 흐름이 끊어지면서 그 다음 홀에서도 연속하여 짧은 퍼트를 실패하고 끝내 허물어지는 것을 보았다.

또 프로 테스트 마지막 날 K프로는 짧은 버디 퍼트를 앞두고 마음의 준비를 하던 중, 바로 앞서 파 퍼팅을 세이브한 선수의 가족이 기쁜 마음에 지른 환성에 움찔하며 잠시 집중을 놓쳤다. 그 결과 프리 샷 루틴이 다소 흐트러지더니 버디 퍼팅을 놓치고 상승세가 죽어 버렸다. 꼭 그 이유 때문이라고는 할 수 없겠지만, 라운드 초반 안정권으로 보였던 K프로는 흐름이 끊어지더니 아깝게 연장전에서 떨어졌다.

골프장이 도서관처럼 정숙할 필요는 없다. 그러나 플레이어가 경기에 집중할 수 있도록 최소한의 정숙은 필요하다. 어느 목사님의 부부 십계명 첫 번째로 등장하는 말씀 '고함치지 말라' 가 생각난다.

파고 또 파고, 연습 스윙 그만 하라

연습 스윙을 네다섯 번 해대며, 또 할 때마다 주먹만한 디봇을 열심히 퍼내는 사람들이 있다. 그린 피는 똑같이 내면서 골프장을 그렇게 망가뜨리고 또 기다리는 동반자를 지치게 만드는 이런 골퍼는 정말 피곤하다. 이런 무자비한 골퍼들 때문에 앞팀을 놓쳐 한 홀을 비워 놓게 되고, 열받은 골프장 진행 요원이 오토바이 타고 와서 무력시위라도 할라치면, 볼 꽤나 쳤던 고참들이나 마음씨 좋은 골퍼들은 심리적으로 쫓기며 리듬을 잃게 된다. 이런 골퍼들은 연습 스윙하다가 힘 빠져서 정작 실제 스윙할 때는 토핑이나 뒷땅 등 실수하기 십상이다. 이들은 동반자의 스코어를 나쁘게 만들고, 뒷팀과 골프장에도 막대한 피해를 준다.

프로 선수나, 싱글 핸디캐퍼들이 몇 번씩 연습 스윙으로 디봇을 만드는 것을 보았는가?

그들은 그저 감(Feel)을 느끼기 위해 잔디를 살짝 스치는 정도로 가볍게 클럽을 휘둘러 본다거나 왜글(Waggle)만 몇 번 하고 자신 있게 친다. 죽어라 디봇 떠내는 연습 스윙은 연습장에서나 충분히 하라.

남의 볼 보기를 돌같이 하라

골프 치면서 가장 열받는 경우 하나가 잃어 버리지 않아야 할 볼이 없어졌을 때이다.

서로 인접한 홀에서 다른 페어웨이에 가서 치게 되는 경우도 있고, 또 중간 접경지역인 러프에 떨어진 볼은 그곳에서도 얼마든지 리커버리(Recovery)할 수 있다. 그러나 볼을 잃어 버리게 되면 그 다음부터 불행이 싹트기 시작한다.

담배 꽁초를 주워 자연보호하는 것인 양 남의 볼을 서슴없이 덥석 집어가는 골퍼들이 의외로 많다. 눈 딱 감고 골프장에 한 번 안 나오면 한 개 500원짜리 로스트 볼을 4~500개는 살 수 있을 텐데…….

최영 장군은 '황금 보기를 돌같이 하라'고 하셨는데, 제발 남의 골프 볼 보기를 돌같이 하자. 애꿎은 골퍼가 그 볼을 잃어 버리고 불쌍하게 허물어져 간다는 것을 잊지 말아야 한다. 당신도 그런 불행을 당할 수 있기 때문이다.

● 성숙한 골프를 합시다 5 ●

매너 나쁜 골퍼에게 벌금을 매긴다면……

'불황에 6만 원이 어딘가?'
6월 1일부터 정지선을 지키지 않는 운전자에게 벌금을 매긴다고 하자 갑자기 운전 매너들이 현격하게 좋아졌다는 것은 아무도 부인할 수 없는 사실이다.

'골프 매너 나쁜 사람들에게도 벌금을 매긴다면 어떨까?' 하는 생각을 하면서 웃어 보았다. 운전 매너나 골프 매너나 모두 성숙한 생활을 위해서 꼭 필요한 덕목이다.

어드레스 들어간 골퍼에게 말 걸지 말자
예닮골 동호회에서 꼴불견 매너로 적은 사례 중 하나를 소개한다.

'지난 홀에 OB 버디를 한 아굴라 훈장님이 다음 홀에서 아무 생각 없이 티잉 그라운드에 올라 어드레스를 취한 후 백스윙을 하는데, 지난 홀 어렵사리 파를 한 다크호스가 한 마디한다.

"형님, 지난 홀에서 보기했지요?"

다운 스윙하면서 이 말을 들은 우리의 아굴라 훈장님, 볼을 히트하기 10센티 전에서 스윙을 멈춘다. (우와, 타이거 우즈도 이 정도는 못 한다.)

"캐디 양, 마흔 살도 안 된 선수하고 게임하면서 쉰세대가 보기하면 언제든지 아너하는 것 아녀? 그리고 어드레스 들어간 선수에게 말 걸면 1벌타 아녀? 하하하."

어드레스에 들어간 플레이어에게 말을 거는 골퍼가 의외로 많다. 티샷은 물론, 퍼팅에서도 그렇다. 퍼팅이 골프 스코어의 전부라고 주장하는 싱글 핸디캐퍼 K는 숏퍼트를 제일 중요한 스트로크로 본다. 얼마 전 그는 1미터도 안 되는 짧은 퍼트를 앞두고 어드레스에 들어갔을 때, "그것, 파 퍼트예요?"라고 동반자가 물었고, 대답을 않으려다가 결례인 것 같아서 "아닙니다, 보기 퍼트입니다"라고 답한 뒤, 프리샷 루틴이 깨진 상태에서 퍼트를 하다가 넣지 못하는 실수를 하였다. 그리고 그 후 그는 퍼팅 감을 잃고 숏퍼트를 여러 개 놓치는 졸전을 벌였다.

몹시 안타까워하는 캐디에게 그는 이렇게 이야기했다.

"OB를 내도 절대 화가 나지 않습니다. 제가 잘못 쳤으니까요. 그런데 동반자들의 결례나 실수로 집중이 흐트러져서 짧은 퍼트를 놓치면 그것이 두고두고 아까워서 게임을 망칩니다."

풋 웨지, 핸드 웨지는 사용치 말라

골프는 규정대로 14개의 한도 내에서 클럽을 사용해야 한다.

그런데 캐디 백에는 들어 있지 않은 특별한 웨지를 사용하는 골퍼들이 많이 있다. 격의 없는 친구들 사이에서 재미를 위한 소위 명랑 골프를 치는 것이라면 그래도 어느 정도 수긍이 가겠지만, 내기를 한다거나 또는 단체 모임에서 수상을 목적으로 좋은 스코어를 내기 위해 부정한 웨지를 쓰는 것을 볼 때에는 무척 불쾌한 생각이 든다.

라이가 좋지 않은 페어웨이나 러프 또는 숲 속에서 발로 툭 건드려서 옮긴다거나(풋 웨지) 벙커나 해저드 구역 안에서 손으로 살짝 옮겨 놓는 것은(핸드 웨지) 동반자나 캐디는 못 볼지라도, 하나님이 보고 계신다는 것을 잊어서는 안 된다. 사실 그런 경우에 보통의 골퍼들은 마음이 불편하여 제대로 스윙이 되지 않아 결국은 손해를 본다.

그런데 나쁜 일도 자주 하다 보면 죄의식을 못 느끼게 되듯이 상습적으로 풋 웨지와 핸드 웨지를 쓰는 몰염치한 골퍼들을 우리는 주변에서 자주 보게 된다. 사용할 때에 타수에 들어가지 않지만, 만약에 사용하다가 걸리기라도 하면 영원히 신뢰성을 잃는 치명적인 벌타가 될 수 있다. 내가 친 볼이 페어웨이 한복판에서 디봇에 들어갔거나, 벙커의 발자국에 들어갔다면, 차라리 큰 소리로 "이것 너무 억울해서 좀 빼놓고 치겠소" 이렇게 이야기하고 드롭을 해서 치는 편이 훨씬 더 좋은 모습이라고 생각한다.

사람을 향해서 쏘지 말라

일류 기업의 공장을 방문하면, '1000일 무재해 운동' 같은 캐치프레이즈가 걸린 걸 보게 된다. 산업 현장에서는 안전이 제1의 중요 과제임이 틀림 없다. 골프도 마찬가지이다. 골프 매너의 제1조는 안전 확인이다. 안전 확인을 하지 못해서 큰 실수를 한 사례를 소개하고자 한다.

연습 스윙과 사격 연습의 공통금기 – 사람을 향하지 말라

군사 훈련을 받아 본 경험이 있는 남성 골퍼들은 사격장의 군기를 잊지 못한다.

사격 후에는 실탄이 제거되었는가를 철저하게 확인하는데, 아무리 빈 총이지만 어떤 경우라도 사람을 겨누거나 향해서는 안 된다.

후배 H는 만능 스포츠맨, 못하는 운동이 하나도 없다. 장타자인 그는 골프 입문 후 빠른 속도로 중급자 대열에 들어섰다. 하루는 그의 장타와 빠른 발전에 감동한 회사 사장이 거래처 접대 골프에 H를 동반하였다.

"사장님께 뭔가를 보여 드려서 좋은 인상을 심어드려야지."

그의 머리는 온통 그 생각뿐이었다. 말구로 1홀을 시작한 그는 2번 홀에서 버디를 잡으며 드디어 아너가 되었다. 3번 홀 티잉 그라운드에서 그는 무심결에 힘찬 연습 스윙을 하였다. 아뿔싸, 그의 드라이버 헤드는 잔디와 흙을 한 웅큼 파더니 그를 쳐다보고 있던 사장과 거래처 손님 그리고 캐디 얼굴에 흙 세례를 퍼부은 것이었다.

사장의 얼굴은 흙빛이 되었고 갑자기 분위기는 썰렁해졌다.

H는 그 날 100개도 훨씬 넘는 졸전을 벌였고, 몇 년이 지난 지금까지도 사장은 그에게 함께 골프하자는 말을 하지 않는다고 했다. 연습 스윙 한 번 잘못하여 거의 패가망신할 뻔했던 가슴아픈 스토리이다.

앞팀의 머리 위에 폭격하지 말라

10여 년 전에 후배 C로부터 들은 이야기이다. 그때에 나는 해외 출장 중이었는데 옆 동네 살던 C가 당시 초등학교 골프 선수였던 내 아들을 데리고 볼을 치러 갔다.

성격이 불 같은 그의 친구 한 사람이 동행을 하여 벽제 O퍼블릭 골프장에서 라운드하였다. 그 골프장은 9홀을 두 바퀴 도는 형식으로 운영을 하는데, 나의 기억에도 언제나 손님을 토끼 몰듯이 재촉하여 악평을 듣던 곳으로 생각된다.

그 날 C의 팀이 세컨 샷을 마치기 전에 뒷팀에서 위협적인 티샷이 날아와서 한두 번은 어린 아이도 있으니 그렇게 하지 말라고 뒷팀에게 신호를 보냈다고 한다.

그런데 6번 홀에서 장타자인 C의 친구가 잘 맞은 티샷에 이어 세컨 샷을 하려고 하는 순간 뒷팀에서 친 볼이 그의 옆에 떨어진 것이었다. 그의 친구는 갑자기 헐크로 변하더니, 아이언 클럽을 손에 든 채 티잉 그라운드를 향해 뛰기 시작했다.

"너 거기 꼼짝 말고 서 있어"라고 소리치면서……

티잉 그라운드에 있던 골퍼들은 어찌했을까?

처음에는 "미안합니다"라고 소리치더니 C의 친구가 계속 달려오자 걸음아 날 살려라 하고 모두 도망을 쳤다. 캐디까지 도망갔다는 것 같았다. 결국 그 팀은 그 날 몇 홀은 치지 못하고 돌아갈 수밖에 없었다.

티샷 한번 성급하게 했다가 아이언으로 터질 뻔했다는 웃지 못할 에피소드이다.

캐디가 아무리 재촉할지언정 설사 골프장에서 책임을 진다고 하더라도 최소한의 안전을 위해 앞팀의 플레이 시간을 배려하는 것을 잊지 말자.

원칙은 지키라고 있는 것

요즈음 골프장에 가면 골프장 협회에서 만든 유인물을 쉽게 볼 수 있다. 안전이 우선이다. 질서를 지킵시다. 이런 내용들이다. 외국 골프장에서도 회원들을 위한 안내 책자에 에티켓 항목을 강조하기도 하지만, 이렇게 골프장 경영협회 차원에서 유인물을 만드는 것은 드문 일이다. 어찌 생각하면 협회의 좋은 서비스이지만, 달리 생각하면 우리 현실이 이런 집단 교육이라도 있어야 될 수준이 되었다고 해석할 수도 있다. 10여 년 전만 해도 술과 골프는 어려운 사람에게 배워야 한다는 말이 있었지만, 요즈음 골퍼들은 남녀노소의 구별이 거의 없어졌기에 더더욱 상식과 질서 그리고 예의를 잘 지켜야 하겠다.

스코어 거짓 증거하지 말자

골퍼는 2개의 핸디캡을 갖는다는 말이 골프장을 떠돈다. 자랑하기 위한 것과 내기 골프를 할 때 쓰는 핸디캡이다. 그런데 우리나라 골퍼들은 그 2개의 핸디캡 차이가 너무 큰 것 같다. 특히 큰 상품이 걸려 있는 시합이라든가 또는 큰 내기 골프에서는 핸디 차이가 싱글과 보기 플레이 사이를 왔다 갔다 하는 것 같다. 상공회의소 모임, 자동차 회사나 호텔 주최 시합에 가면, 외국인들은 거의 자기 핸디보다 훨씬 많이 치는데도, 핸디캡 언더를 치는 한국 골퍼들이 어떻게 그리 많은지 미스터리가 아닐 수 없다.

몇 년 전 유럽 자동차회사 후원 베스트 볼 텍사스 스크램블시합[*] 에 참가했었다. 그 당시 주최하였던 단체에서 나에게 특별히 강팀을 구성하여 달라는 주문이 있어서, 전국 대회 2연패의 280야드 장타자, 컴퓨터 아이언 맨, 독사 퍼팅과 숏게임 달인, 이렇게 부문별 전문가 수준 4명 - 핸디캡 합계 20의 팀을 짰다. 그런데 우리의 바로 뒷팀 60세가 넘은 시니어 보기 플레이어 3명의 팀이 우리보다 더 좋은 성적을 거두었다. 뒷팀의 가장 길었던 티샷은 우리 팀의 가장 짧았던 티샷보다 적어도 20야드 이상 짧았는데, 그렇다면 200야드를 3번 우드로 홀에 붙여 매번 버디를 잡았다는 얘기다. 그것도 단지 세 명이서 해 낸 결과이다. 참석하였던 어떤 외국의 외교관이 껄껄 웃는데 정말 부끄러워서 혼이 났다. '법대로 경기하지 아니하면 면류관을 얻지 못

---

[*] 4여 명이 같이 티샷하여 가장 좋은 볼을 선정하고, 그곳에서 전원이 세컨 샷을 함. 계속 제일 유리한 볼을 선택하며 마지막 퍼팅까지 그렇게 하는 방식.

할 것이며' 라는 성경 구절이 계속 머리에서 맴돌던 날이었다.

| 기브에도 원칙과 상식을

스트로크 플레이에서는 원칙적으로 기브가 허용되지는 않는다. 그러나 아마추어들의 친선 경기에서는 6~7분 간의 바쁜 티타임 간격도 있어 진행을 빨리 할 겸 한두 뼘 정도 거리의 퍼트는 기브로 주고받는 것이 거의 관행이다. 상대방에게 중압감을 덜어주고 분위기를 살리는 다분히 인간적인 행동이다. 그러나 여기에도 나름대로 원칙과 상식이 있어야 한다.

흔히 볼 수 있는 꼴불견의 기브 행위를 예로 들어본다면,
  - 자기 혼자 기브 선언을 하고 마음대로 볼을 주워 드는 안하무인 행위

- 나에게 중요한 고객이라고 2미터가 남았는데도 동반자 동의 없이 기브를 주는 아첨 행위
- 1미터도 넘는 심한 내리막 퍼트에서 자기 볼을 집으며, 자기보다 조금 긴 오르막 퍼트를 남긴 동반자에게 "당신 것은 길지만 OK" 하고 선심 쓰는 듯한 기만 행위
- 매홀 한 점씩 핸디를 받으면서도, 고수의 더블보기 퍼트는 꼭 해야 하고, 하수의 트리플보기 퍼트는 아무리 길더라도 무조건 기브를 받아야 하는 이기적 행위
- 내기 골프를 하며 서로 특정 동반자에게만 기브를 길고 후하게 주는 편파적 행위
- "기브 거리인 줄 알았는데, 아니네" 하며 동반자의 심기를 건드리는 치사한 행위

숏퍼트의 달인 K는 자기의 마지막 남은 퍼트와 비슷한 거리를 남긴 동반자의 퍼트는 무조건 기브를 준다. "자기는 꼭 넣으면서 왜 동반자에게는 기브를 줄까?" 하고 의아해서 물었었는데, 그의 대답이 아주 교훈적이었다.

"성경에도 주는 자는 더 많이 얻는다고 했는데, 짧은 퍼트를 기브 주지 않고 마크하게 한다면, 머리 속에 내가 넣고 저 사람이 못 넣으면 점수 차가…… 하면서 잡념이 생기지요. 그래서 나의 짧은 퍼트를 넣기 위해 집중을 하느라고 그냥 먼저 기브를 줘 버리는 것입니다."

그 퍼트를 넣는 것 외에는 아무 생각도 하지 않아 그의 짧은 퍼트 성공률은 대단히 좋은 편이다.

● 성숙한 골프를 합시다 8 ●

성숙한 골퍼는 알까지 않는다

　　　　　　　　　　　　　　　　　　얼마 전에 퍼블릭
골프장에 혼자 가서 다른 사람들과 조인하여 라운드를 했다. 경기장
관람 질서는 올림픽과 월드컵을 거치며 많이 좋아졌고, 교통 질서도
10년 전보다 몰라보게 좋아졌다고 하는데, 아직 우리 골프 문화는 그
수준에 이르지 못한 것 같다. 골프는 실력보다 안전과 예의 그리고
룰이 우선되어야 좋은 문화를 키울 수 있는 것이다. 우리도 골프 강
국에 걸맞는 골프 문화국을 이루도록 하자.

알까지 말라!
코메디 프로그램에 유행했던 알까기라는 말이 있다. 그러나 골프
장에서 알까기라는 말이 생긴 것은 아마도 족히 30년은 될 듯싶다.
(알까기란, 원구를 찾지 못하였을 때 또는 플레이가 불가능한 상황에서

볼 하나를 슬쩍 놓고 치는 몰염치한 행위를 말한다.) 우리나라에 특히 알까기에 능숙한 골퍼들이 많은 것은 정직성의 문제라기보다는 과도한 내기 문화가 그 주원인이 아닌가 한다.

요즈음은 대부분의 골프장에서 1캐디 4백이기 때문에 플레이어가 단독으로 숲이나 러프에서 알까기를 한다. 그러나 과거 1캐디 1백 시절에는 플레이어를 위해 캐디가 눈물을 머금고 알까기를 해 준 경우도 많았다. 물론 내기에서 큰 돈을 딴 경우에 섭섭치 않게 배당금을 나누는 기대와 전과(?)가 있는 사람들끼리 협력해서 알을 까곤 했다.

그러나 아무도 안 본다고 함부로 알까지 말라! 동반자나 캐디는 못 볼지라도 하나님이 보고 계신다. 알까고 친 볼은 십중팔구 미스 샷이 된다. 대개는 양심상 가슴이 떨려 제대로 스윙이 안 되기 때문이다. 1타 벌자고 알을 까면 결국 2타 이상 손해를 본다는 것이 진리다. 혹시 그 당시는 그냥 넘어갈지도 모르지만, 결국 언젠가는 큰 사고를 치고 눈물을 흘리게 되는 날이 반드시 온다.

알까기 때문에 천금 같은 이글을 하고도 눈물 흘린 이야기를 들은 적이 있다. 서울 근교 골프장 어느 블라인드 오르막 홀에서 선배의 친구가 멋지게 친 샷이 온그린된 것 같았다고 한다. 그런데 막상 그린에 올라가 보니 온그린이 된 볼이 없었다. 그때 내기가 조금 세게 붙었는데, 그 샷을 한 친구가 "에이 조금 길었네" 하면서 어프로치를 했고 홀에 잘 붙여서 동반자들이 기브를 주었다. 그런데 홀 안에 볼 한 알이 곱게 놓여 있었다고 한다. 평생 처음으로 잡은 영광의 이글이 씻을 수 없는 수치로 바뀌는 순간이었고, 그 친구는 알까기 전과때문에 결국 골프를 접었다고 한다.

혼자서도 잘 해야

요즈음처럼 캐디 한 명이 서브하는 경우에는, 자기 클럽은 자기가 챙겨서 다녀야 한다. 티샷을 하고는 뒤도 안 돌아보고 혼자서 공까지 걸어가, 잘 들리지도 않는 거리에서 캐디에게 "몇 번!" 하고 소리치면서 악착같이 기다리는 골퍼가 있다. 카트는 왼쪽에 있는데 심한 슬라이스로 오른쪽 러프에 볼을 빠뜨려 놓고는 캐디가 클럽을 들고 막 뛰어오게 만들고, "아니, 이것말고 아이언 몇 번 주라!"고 해서 불쌍한 캐디 왔다 갔다 하는 하드 트레이닝시키는 비정한 골퍼도 가끔 본다. 이왕이면 운동하러 나온 것, 자기가 중간까지라도 와서 받아가지, 힘든 캐디를 왜 불필요하게 운동시키고 진행을 늦게 만드는가? 그러지 말자! 동반자를 위해서라도 간단한 것은 혼자서 하는 습관을 길러야 한다.

후배들과 라운드할 때에는 자기 공이 떨어진 거리를 대충 파악하고 자기가 칠 만한 클럽 세 개 정도 들고 가기를 권한다. 캐디가 불러주는 거리도 때에 따라서는 10야드 이상 차이가 나는 경우도 많고, 또 맞바람이냐 순풍이냐에 따라 클럽 한두 개 차이가 나는 것은 다반사이기 때문이다. 그래서 가장 적합한 클럽을 정한 후에 그것보다 하나 길고, 또 하나 짧은 것을 동시에 가지고 간다면 "아, 클럽 선택을 잘못했구나!" 하는 후회와 그로 인한 실수는 면하게 된다.

파 5홀에서 세컨 샷을 하러 갈 때엔, 투온이 되는 짧은 홀이 아니라면, 나는 5번 우드를 잘 쓴다. 5번 아이언, 7번 아이언 이렇게 세 개를 들고 간다. 통상 우드로 세컨 샷을 하지만, 써드 샷 지점에 해저드가 있거나, 페어웨이가 개미 허리 같거나 하면 5번 아이언으로 바꾸고, 좋지 않은 라이에 볼이 있다면 아주 안전하게 7번 미들 아이언으로 세컨 샷을 하기 때문이다. 그래서 페어웨이에서 클럽 택배(?) 때문에 플레이가 지연되는 경우는 거의 없다.

예의 좀 지켜 주세요

농구나 축구 기타 다른 구기 종목의 경우, 볼의 향방이나 간략한 전략 이외에는 플레이어가 다른 생각을 할 시간적인 여유가 없다. 그러나 4시간 남짓 플레이를 하는 골프에서는 이런저런 생각이 끊임없이 나게 마련이고 때로는 골프 기술이나 전략과는 무관한 이유로 집중을 잃거나 마음의 평정을 잃어 라운드를 망치게 되기도 한다. 따라서 나의 동반자는 물론, 그 날 그 골프장에서 플레이를 하는 다른 골퍼들을 위해서도 예의를 갖추는 것이 바른 골프 문화를 세우는 데 앞장을 서는 좋은 행동이다.

남의 홀에서는 예의 좀 지키세요

수원의 T골프장 남코스 9번 홀 티잉 그라운드에 오르면서 K사장은 회심의 미소를 지었다.

"비교적 쉬운 이 홀에서 파를 하는 것은 무리가 아니니, 설사 보기를 한다 하더라도 70대 스코어를 확실히 기록하고 드디어 라이프 베스트 스코어를 맛보는구나!"

가슴 뿌듯하게 생각을 하고 있었다. 그 동안 친구들에게 현금 자동지급기라고 불렸던 불명예와 설움까지도 한 방에 모두 날려 보낼 수 있는 좋은 기회, 그것도 거의 노마크 찬스를 맞은 기분이었다.

아너가 된 환희와 설레임을 안고 티잉 그라운드에서 어드레스를 취한 순간, 바로 30미터 앞 오른쪽의 숲에서 한 사람이 튀어 나와 소리를 질렀다.

"언니, 여기서 그린까지 몇 미터야?"

백스윙을 시작하려던 K사장은 움찔하다가 정지하고 물러섰다. 1번 홀에서 한 티샷이 심한 슬라이스로 숲을 넘어 9번 홀 티잉 그라운드 앞까지 날아온 것인데 이 천방지축의 굴러온 돌 골퍼는 예의도 없이 남의 홀에서 큰소리치며 박힌 돌을 빼 버리려는 것이 아닌가? 어드레스까지 들어갔던 K사장은 무척 기분이 언짢았다. 소란을 피운 것도 예의가 아닌데 남의 홀에 들어왔으면 상황을 살펴본 후 플레이를 해야 함에도 불구하고, 그곳에서 왔다 갔다 하며 연습 스윙도 몇 번하고 시간을 끄는 것이었다. 티샷을 할 수도 없어 K사장은 그 예의 없는 골퍼가 샷을 마치고 사라질 때까지 한참을 기다렸다. 너무나 오래 기다려서일까? 아니면 집중이 깨져서일까? 그것도 아니면 은근히 화가 났을까? 힘이 잔뜩 들어간 그의 티샷은 엄청난 훅이 걸리더니 OB 라인을 넘어갔다. 씩씩거리며 마음을 다스리지 못하던 K사장은 필드하키를 하면서 다섯 타만에 올라와 쓰리 퍼트를 하여 더블 파를 기록했다. 70대 스코어는커녕 싱글 스코어도 날라가 버렸고, 마지막 홀은 내기가 배판이었던 탓에 그는 한순간 엄청난 피범벅이 되었다.

본의 아니게 남의 홀을 침범하게 되었을 때엔 반드시 그곳 상황과 안전을 살피고, 그 홀의 플레이어들이 방해받지 않고 플레이를 할 수 있도록 철저하게 주의를 기울여야 한다. 모두가 조심하지 않으면 당신도 얼마든지 피해자가 될 수 있기 때문이다.

캐디는 도우미이지 기쁨조가 아닙니다

10여 년 전 S선배는 Y담의 귀재였다. 그와 라운드를 하면 무척 재미있었고, 때로는 홀이 밀리면 더 즐거웠다. 기다릴 때마다 S선배는 이야기 보따리를 풀었고, 동반자들은 박장대소를 하기도 했다. 당연히 집중이 흐트러져 스코어는 엉망이었지만, S선배는 그것이 절대 골프의 노하우라고 이야기했다. 그 당시 초보 골퍼였던 나는 S선배가 아슬아슬한 경계선의 Y담을 이야기할 때 손에 땀을 쥐기도 했다.

요즈음은 보통 1캐디 4백이지만 10여 년 전 그 시절에는 대개의 골프장은 1캐디 1백의 시스템이었다. 그렇다 보니 골퍼와 캐디간의 대화 시간이 요즈음보다는 훨씬 많았고, 둘이 함께 걷는 시간 또한 길었다. 어떤 이들은 골프를 하는 것인지, 애인 만드는 작업(?)을 하는 것인지 구분이 안 될 정도로 혼란스러운 행동을 하기도 했다. 더구나 원색적인 농담을 캐디 앞에서 큰소리로 떠들어 댈 때면, 황당해 하는 캐디를 보면서 나처럼 새가슴 골퍼들은 어쩔 줄 몰랐다. 때로는 고약한 선배를 모시고 온 죄 때문에 민망해서 졸전을 벌이기도 하였다.

라운드 중에는 플레이어의 교양이나 인격이 숨김 없이 드러나므로 대화나 행동에 세련미가 요구된다. 캐디는 도우미이지 기쁨조가 아니다. 죄없는 여인에게 돌을 던지지 말라.

● 성숙한 골프를 합시다 10 ●

내 맘대로 룰 적용은 금물

지난 겨울 태국에 휴가차 여행을 갔을 때 저녁 식사 후 콘도 수영장에서 쉬고 있는데 일행끼리 심하게 언쟁하는 것을 들었다. 도대체 무슨 이유에서 함께 여행을 온 일행끼리 저럴까 하는 호기심에 귀를 기울였더니 낮에 라운드를 할 때 합의된 규칙을 안 지켜서 일어난 분쟁이었다.

"마피아 룰을 적용하기로 했으면 언제나 공정하게 해야지 그게 뭐요?" 하고 따지는 후배에게 "아무리 그래도 골프 룰이라는 게 있는데, 상식적으로 해야지"라고 응수하는 선배의 언쟁이었다.

어떠한 경우라도 있는 그대로 플레이를 한다는 것을 그들은 마피아 룰이라고 하였는데 후배가 친 볼이 물 많이 고인 페어웨이에 박혀있어서 눈물을 머금고 할 수 없이 박힌 그대로 샷을 하여 5미터밖에 전진하지 못하였는데, 그때 그것을 보았던 선배가 아무 말도 하지 않더니, 한참 후에 자기가 친 볼이 스프링클러 작동으로 약간 젖은 페어웨이에 놓여 있자 마음대로 옮겼다는 게 사건의 전모였다. 그래서 공평하지 않은 경기를 하였고, 마음이 상한 후배가 내기에서 많이 잃은 것이 주원인이었다. 나중에는 서로 화해를 하였지만 한때는 누가 보따리 싸서 돌아가는 것 아닌가 걱정이 될 정도였다. 성숙한 골프 그리고 모두가 즐거운 골프를 하려면 플레이어 모두 룰을 잘 알고 또 공정히 지켜야 한다.

스스로 무벌타 선언을 하지 맙시다

K는 대기업 상무로 80대 중반의 실력이다. 그는 라운드 횟수가 많고, 상대로부터 접대 라운드 제의를 받는 경우가 많아서인지 자신에게 적용하는 룰에 대단히 관대하다. 납품업자 S가 그와 라운드를 한 후에, 앞으로는 웬만하면 그와는 골프도 거래도 하지 않겠다고 하였다. 그 이유를 물었더니 K상무는 내기를 하면서도 스스로 무벌타를 선언한다는 것이었다. 대개의 골프장은 작은 나무를 보호하기 위해서 삼각 지지대를 설치하거나 말뚝을 박아서 표시하고, 그런 나무가 플레이어의 스탠스나 의도하는 스윙 구역을 방해할 경우 벌 없이 집어올려서 규칙에 따라 드롭하도록 로컬 룰을 정하고 있다. 또한 꽃밭의 경우 스윙을 할 때 화초가 크게 손상되므로 무벌타 드롭으로 로컬 룰을 정하는 경우가 대부분이다.

그런데 그의 볼이 꽃밭이 아닌 작은 회양목과 철쭉 무리 속에 들어가거나, 또 지지대가 필요 없는 작은 나무의 곁에만 가도 무조건 볼을 집어올리며 스스로 무벌타를 선언한다는 것이었다. 그러나 상대방이 그런 경우에 처하면 못 본 체하며 아무 말도 하지 않는다고 한다. 그래서 공평하지 못한 처사에 동반자들이 언짢아지면서 마음의 평정을 잃고 내기에 져 잘 허물어진다는 것이었다.

잘 모르는 룰은 강요하지 맙시다

15년 전의 이야기이다. 그때에는 볼이 지금처럼 잘 만들어지지 못해서 플레이 도중에 가끔 쪼개지는 경우까지 있었다. 그 시절 나는 입문 직후이지만 무지하게 많은 연습을 통하여 빠르게 발전하고 있었다. 그러다가 그 상승 기세가 꺾이는 사태가 발생하였다.

H골프장에서 고교 선배들과 단체 모임을 하고 있었고 파죽의 연파 행진을 하고 있던 나는 한 홀에서 세컨 샷을 하다가 볼이 쪼개지는 것을 목격하고는 어안이 벙벙해졌다. 두 쪽으로 갈라진 볼이 한쪽은 깊은 러프로 다른 한쪽은 페어웨이 가장 자리로 날아갔다.

당시 입문한 지 얼마 되지 않아서, 룰에 익숙하지 못하였기에 함께 라운드하던 선배에게 여쭈어 보았다. 그랬더니 그 선배께서 하신 말씀이 "큰 쪽에 가서 쳐라"였다. 나는 속으로 "볼이 이렇게 쪼개지면 다시 치도록 하는 것이 정당할 텐데…… 만약에 그것이 아니라면 적어도 어느 쪽이든 자신에게 유리한 쪽에 가서 치는 것이 옳을 텐데……" 하면서 고개를 갸우뚱했다. 그러면서도 볼이 쪼개져서 반타 이상 손해를 보았지만, 만약에 한쪽 볼이 OB지역으로 날아갔다면 아마 속뒤집어졌을 것이라고 위안하면서 플레이를 했다. 물론 좋았던 흐름이 깨지면서 그 날은 그저 크게 망가지지 않은 스코어에 만족할 수밖에 없었다.

룰이나 로컬 룰 적용을 함부로 하지 말고 또 잘 모른다면 나보다는 타인에게 더 유리하게 적용토록 합시다. 물론 가장 좋은 방법은 그 홀에서만 동반자가 주장하는 방법과 또 자신의 생각에 따른 방법으로 투 볼 플레이를 하고 나중에 판단을 하는 것이지만…….

내기 골프를 위한 비열한 속임수

스포츠 정신에는 다소 어긋나지만, 골프에서 내기를 전혀 하지 않으면 볼 치는 재미가 없다고 이야기하는 골퍼들이 의외로 많다. 적당한 내기의 경우 경기가 조금 더 진지하게 되고 서로의 집중력을 높여서 동반 향상의 효과도 있는 것이 사실이다. 그러나 내기를 하는 경우 재미 또는 농담이라는 미명하에 동반자에게 고도의 방해 전략을 쓰는 골퍼들을 만나게 된다. 그들은 대개 핸디캡을 주고 게임하는 상급자들이라 그런 동반자들을 만나게 되는 아마추어 초급자는 피해를 본다. 이래서는 절대로 상생의 성숙한 골프를 하기 어렵다.

혼란을 주는 거짓 정보

K는 싱글 핸디캐퍼로 장타자인데 그는 종종 캐디와 미리 밀약을

짠다. 어디서든지 누구나 들을 수 있는 소리로 "아이언 5번"이라고 부르면 캐디가 그것보다 한 클럽 작은 것부터 세 개의 클럽을 가져오게 한다. 동반자들은 4번 5번 6번 아이언을 가져가나 보다 하지만, 실제로는 6, 7, 8번을 가져간다. K는 7번을 쓰지만 다른 사람들은 5번을 사용하였구나 하고 착각을 하게 한다. 그리고는 "장타자가 긴 클럽을 잡는 데는 무슨 이유가 있을 것이다"라고 생각하고 비슷한 위치의 세컨 샷이나, 파 3홀의 티샷을 할 때, K보다 한 클럽 더 길거나 같은 클럽을 사용하게 된다. 그리고는 그린을 홀렁 넘겨 깊은 러프나 심한 내리막 라이에서 어프로치를 하게 되는 경우가 많다.

K는 가끔 "보기보다 바람이 쎄서……" 하는 거짓 독백을 하여 동반자들의 혼란을 초래한다. 그러나 꼬리가 길면 잡히는 법, 어느날 드디어 K는 고지식한 중급자인 동반자에게 그 행위가 발각되었다.

"허허, 농담올시다."

이렇게 변명을 하였지만, 스트로크당 만원의 내기에서 동반자에게 그런 행위를 하는 것은 사기를 치는 것과 다름이 없다는 심한 면박을 받고 그는 어쩔 줄 모르고 쩔쩔매게 되었다.

퍼팅할 때 일부러 소곤소곤

S는 자칭 내기 골프의 달인이다. 그가 내기에 강한 것은 사실이다. 그러나 아무도 그를 상급자로 존중하지 않는다. 그는 내기를 할 때에 오로지 이기기 위하여 수단과 방법을 가리지 않는다. 그는 대표적인 방법으로 끊임없이 소곤소곤 이야기를 하는데, 특별히 자기와 경쟁관계에 있는 사람이 퍼팅을 할 때에는 퍼트의 선상 그린 주변에서 다

른 사람과 함께 서서 퍼팅을 준비하는 플레이어를 바라보며 무엇인가를 소곤소곤 끊임없이 이야기한다. 실제 플레이어로부터 멀리 떨어져 있기는 하지만, 분명히 플레이어의 시선을 끌 수 있는 위치이다.

그 술책에 걸려든 사람들은 "분명히 나를 쳐다본 후에 내 흉을 보는 것 같다는 생각이 드는 데, 도대체 무슨 이야기를 하는 것일까?" 하는 생각이 들면서 집중력을 잃고 실망스러운 퍼팅을 하게 된다는 것이었다. S는 때로는 티잉 그라운드 주변에서 또 세컨 샷을 앞두거나 그린 주변의 어프로치를 할 때에도 플레이어의 신경을 살짝 자극하는 수법을 쓰기도 한다.

오늘 채가 잘 떨어진다는 빈 칭찬

티잉 그라운드에서 티샷을 하기 전에 동반자에게 가짜 칭찬을 한 마디해 주는 고도의 술책도 그 가운데 하나이다.

"자네 오늘 클럽이 아주 잘 떨어지네."

이런 식의 칭찬을 하지만, 마음 속으로는 "이봐 이것저것 머리 속에 많이 생각을 넣어 보라구. 자고로 티샷하기 전 머리 속에 생각이 많은 골퍼는 숲 속의 다람쥐와 친해진다는 것 몰라?" 하고 상대의 실수를 바라는 치사한 골퍼들도 꽤 많이 있다고 들었다.

형식은 분명히 매너 좋은 칭찬이지만 실제 내용은 상대방의 실수를 초래하려는 졸렬한 악담인 셈이다. 이것이야말로 웃으면서 한 방을 먹이는 치사한 행위이다. 정말로 스윙이 많이 좋아졌다면, 스윙을 마친 후나 그늘집 같은 곳에서 칭찬을 해야 한다. 어드레스 들어가는 플레이어에게 혼란을 주고자 이런 칭찬을 하는 것은 결코 좋은 매너가 아니다.

함부로 하는 말은 비수

한 라운드 4~5시간을 함께 하다 보면 정말로 긴 시간이다. 그래서 좋은 동반자를 만나면 라운드가 신나고 즐겁지만, 고약한 동반자가 걸리게 되면 라운드가 지루하고 몸이 뒤틀리게 되며 스코어까지 엉망진창이 되는 경우가 많다. 더구나 요즈음처럼 주말 라운드에 약 30만원이라는 거금이 소요되면 어떤 때는 돈이 아까워서 속뒤집어지는 일이 생기기도 한다. 정말로 동반자를 위해서 좋은 말을 할 줄 아는 매너를 가져야 한다. 성경에 '함부로 말하는 사람의 말은 비수 같아도, 지혜로운 사람의 말은 아픈 곳을 낫게 하는 약이다' 라고 했다

▌상대방의 불행을 공개적으로 바라다니……
동반자가 친 티샷이 혹이 나서 위험한 쪽으로 날아가고 있는데,

"OB, OB, OB나 되라. Oh 예 OB"라고 말한다거나, 그린 앞쪽에 꼽힌 핀을 향해 아이언 샷을 한 플레이어에게, "그만 가라 그만 가, 거기 벙커 벙커로…… 오우 나이스 벙커"라고 주문을 외는 골퍼들이 있다. 또한 롱 퍼팅을 멋있게 한 플레이어에게 "안 돼, Oh No. 들어가면 안 돼, 아이쿠 들어가는 줄 알았네." 이렇게 상대방의 실수를 공개적으로 바라는 골퍼가 의외로 많다. 아무래도 내기의 영향이 크기 때문이다. 한두 번 농담으로 그런다면 '친구끼리 그럴 수도 있다' 고 너그럽게 이해하겠지만, 매번 그런 식으로 상대방의 불행을 바란다면 "저런 녀석은 번개도 맞지 않나?" 하면서 미움을 받게 된다. 결국 자업자득인 셈이다.

제발 구시렁대지 좀 말아요!

한참 지난 홀의 아까운 퍼트를 놓고 라운딩 내내 "에이 참 그 퍼팅이 들어갔어야 했는데…… 아깝게 버디를 놓쳤네. 바보 같으니라고……" 구시렁 구시렁.

수시로 아이언 샷 토핑에, 뒷땅에 가지가지 진기명기 실수를 하면서도,

"하필 그때 뒷땅이 나와 핀에 못 붙였네. 파로 막을 수 있었는데……" 구시렁 구시렁.

한 라운드에 14번 드라이버를 치면 페어웨이를 절반도 지키지 못하고 OB도 심심치 않게 내면서, "그 홀에서 티샷이 조금만 더 나가서 숏 아이언만 잡았다면 확 달라졌을 텐데……" 구시렁 구시렁.

수없이 복기하며 다니고 심지어 욕탕에 앉아서도 주절주절 읊어대

는 골퍼를 만난다. 한두 번까지는 듣고 맞장구도 쳐줄 만한데 수도 없이 반복되면 정말 짜증이 난다. 함께 라운드한 동반자에게도 이럴 진대 그 상황을 보지 못한 다른 사람들에게는 어떻게 얘기할지 뻔한 일이다. 물론 놓친 고기는 다 월척이라는 낚시 이야기처럼 골프 얘기에 어느 정도 허풍이 있다지만, 어쩌다 잡은 버디 하나를 가지고 수 없이 우려먹고, 실력이 모자라 실수한 샷이 마치 도저히 일어날 수 없었던 일이 일어난 것처럼 통탄해 하는 허풍, 글쎄 그다지 좋아 보이지 않는다.

반대로 성숙한 골퍼는 아깝게 놓친 이븐파 스코어, 홀을 스치며 지나간 이글 퍼팅 같은 것을 지켜본 동반자들이 아깝다고 위로할 때, "그것이 바로 골프입니다" 하면서 껄껄 웃는 여유를 보인다.

지나친 칭찬도 결례

접대 골프를 치는 중 하급자들이 자주 하는 실수가 있다.

그저 볼이 맞아서 앞으로 나가기만 하면 아무 샷이나 "나이스 샷"을 외친다.

그러다 보니 소리는 멋지게 나고 처음에는 똑바로 날다가 150야드 가서 오른쪽으로 급하게 휘며 숲 속으로 날아간 슬라이스 샷에도 찬사를 보내게 된다.

"좋습니다. 나이스 샷! 어이쿠 아니군."

물론 플레이어는 상대가 좋은 뜻으로 그렇게 이야기한 것으로 이해한다. 그러나 자기 자신은 실수를 하여 아깝다고 생각하는데, 동반자가 수시로 "나이스 샷"을 외치면 정말 갑갑해진다. 1미터짜리 퍼팅을 실패해서 속이 씁쓸한데, "스트로크는 참 좋았는데 짧았네요" 처럼 칭찬하면 그것은 절대로 도움이 되지 않는다. 아무리 칭찬은 고래도 춤추게 한다지만, 상황에 맞지 않는 지나친 칭찬은 결례요 공해가 된다. 상대방의 실수에는 그저 조용히 입 다물고 있는 것도 좋은 방법이다.

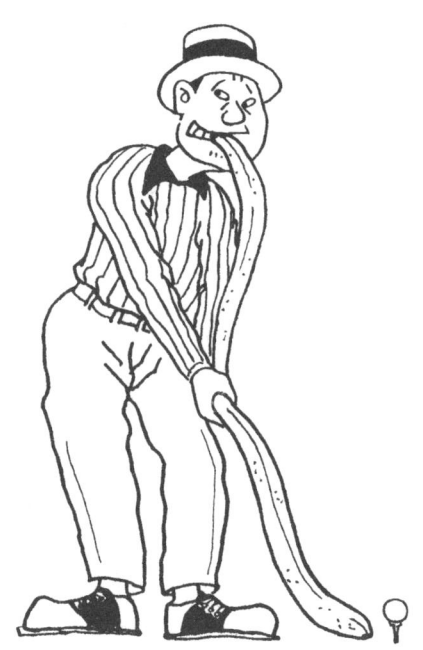

단체 라운드도 예의 갖춰야

며칠 전 고교 동기회 골프 모임이 있어서 주중 라운드를 가졌다. 점심은 간단히, 저녁은 그저 기본적인 식사를 하고 음료 한 잔씩 했는데, 총 경비는 29만 원이 들었다. 국민 소득을 생각하면 한국 골퍼들이 지구상에서 가장 비싼 골프를 치고 있다고 해도 과언이 아니다. 더구나 아직도 수도권의 골프장은 태부족이라 골퍼들이 슬슬 눈치를 보면서 치는 모습을 보면 애처롭기도 하다. 쌀 한 가마니 값도 넘는 비싼 골프이니 정말로 동반자들에게 좋은 매너를 보여줘서 서로 비싼 돈을 내고 치므로 만족감을 느끼도록 도와주어야 한다. 그것이 상생의 골프 제1조일 것으로 믿는다.

일찍 와서 비싼 거 실컷 먹고 계산은 1/n

단체 팀은 골프장에서 식사와 시상품을 사서 개인 고객 단가보다 몇 만원 더 매상을 올려주는 것이 관행이다. 대체로 주중에 괜찮은 티타임을 받는 대가이기도 한다. 많은 모임을 참가하다 보니 아주 드물지만 얌체 골퍼도 발견한다. 남들이 해장국이나 우동 먹을 때, 일찍 와서 고급 음식을 시켜 먹고, 심한 경우 볼이나 티 같은 용품을 산 뒤 나중에 습관적으로 1/n만 계산하는 얌체 골퍼가 적지 않다. 반면에 불쌍한 샐러리맨 골퍼들은 티타임에 허겁지겁 도착해서 쫄쫄 굶은 허기진 배를 안고 성급히 티샷을 하기도 한다.

나는 골프를 치기 직전에는 식사를 거의 하지 않는다. 하더라도 남들이 먹는 해장국 3~4순가락 정도나 얻어먹는다. 그래서 때로는 짠돌이 거지 근성이라고 비아냥받기도 한다. 그러나 공금이라고 지나치게 마구 쓰는 것은 좋지 않고, 쓸데 써야 한다는 것이 오랜 골프총무 직업병(?) 탓으로 돌리곤 한다.

애원해서 끼워주면 하루 전날 못 가겠다는 전화

정기 모임 참석자 예약이 다 끝났는데, 느닷없이 뒤늦게 나타나서 꼭 치고 싶다고 하니, 운영진들 중에서 자발적으로 양보를 하고 치게 해 주는 경우가 있다. 그런데 특별한 사유도 아닌 것 같은데 바로 전날 밤에 총무에게 전화를 걸어 못 가겠다고 통보하는 무례한 골퍼들의 이야기를 가끔 듣는다.

오래 전에 고교 동기회에서 하루 전날 못 가겠다는 전화를 한 친구가 둘이나 생겨서 행사에 차질을 빚어 팀 구성이 제대로 안 되자 당시 총무였던 친구가 한 팀을 취소하고 자기는 집에 돌아가는 해프닝이 있었다. 그날 모임이 깨진 후에 다시 결성이 되는데 무려 5년이나 걸렸다. 그 이후 우리가 정한 룰은 본인이 죽기 전에는 무조건 참석하고, 눈 비가 내리면 조찬회라도 하고 헤어진다는 것이었다.

친구끼리 뭐 어때?

회사 상급자나 어려운 고객을 모시고 라운드를 할 때와 가까운 친구들과 라운드를 할 때 극명하게 태도가 달라지는 골퍼들을 가끔 본다. 물론 상사나 접대 골프의 경우에는 분위기상, 동반자를 극진히 모셔야 한다고 느끼지만, 실제로는 모두 똑같이 대해야 한다. 단체 팀에서는 친구 좋다는 이유로 핸디캡이 20씩 차이가 나게 조를 짜기도 한다. 하수가 동반 라운드 중에 자꾸 헛손질이나 하면서 시간을 많이 쓰면 전체적으로 스코어가 하향 평준화가 되는 법이다.

I사의 K부사장은 그런 점에서 엄격하다. 그는 동반자가 아무리 초보라도 핸디캡을 10점 이상 주지 않는다. 그는 내기의 단위는 낮춰주지만, 상급자와 치려면 정말 최선을 다하는 그런 자세를 갖춰야 한다는 게 그의 생각이다. 상급자 앞에서 대충대충 치는 것은 안 된다며 골프도 술같이 어려운 사람에게 배워야 한다는 것이 그의 지론이다. 나는 그에게 핸디 2점을 주고 항상 팽팽한 접전을 벌였었는데, 정말 그는 깔끔한 골퍼였다. 우리는 친구 사이였지만 핸디캡이 단 2개 차이인데도 나에게 상수 대접을 하면서 상당히 예의를 갖추어 주었다.

어느 연습장의 프로에게 들은 이야기이다. 아마추어 골퍼가 입문하여 자기 비용으로 프로나 싱글 핸디캐퍼를 초청하지 않는 한, 싱글 핸디캐퍼와 첫 라운드를 갖는데 평균 2~3년은 걸린다는 것이었다. "친구끼리 뭐 어때?"가 아니라 자주 만나는 친구일수록 더 예의를 갖추고 잘 대해 주어야 골프 동반자로 오래도록 남는다.

레슨은 아무나 하나?

골프 유머에 "저는 배운 지 1주일 되었고, 제 친구는 이제 배우는 초보예요"라는 말이 있다. 친한 사이의 골프 상급자인 선배나 친구가, 후배나 초보자의 요청으로 가르쳐 주는 것은 보기에도 아름다운 장면이다. 그러나 실제로는 필드에서건 연습장에서건 시도때도 없고, 예의도 상식도 없는 레슨 때문에 불쾌하게 느끼는 골퍼들이 적지 않다. 웬만한 연습장에는 '소속 프로가 아니면, 레슨할 수 없습니다' 라는 문구의 대자보가 붙어 있지만…… 웬 무허가 레슨 프로가 그다지도 많은지…….

프로도 아니면서 프로인 척하기는
닭장 프로 행세하는 사람 참 짜증 난다. 프로는커녕 보기 플레이도 한 번 해 보지 못한 듯한 초보자가 아무한테나 프로 행세를 하는 경우도 가끔 보게 된다. 프로가 보기에는 자기부터 돈 내고 레슨을 받아야 할 수준 같은데, 이 자리 저 자리 돌아가면서 훈수를 둔다. 물론 설사 볼은 못 치더라도 열심히 이론 공부해서 머리 속에 들은 것은 많을 수도 있겠지만, 손목 코킹이 어쩌고, 백스윙이 가파르고 어쩌고, 고개가 빨리 들리네 등등 주변에서 조용히 연습하고 있는 사람들을 무지 피곤하게 만드는 사이비 프로들이 도처에 수두룩하다.

1년 전 여름 주말에 라운드를 앞두고 P선배와 함께 T골프장의 연습장에 갔다. P선배는 보기 플레이어고, 내가 선배의 스윙을 수시로 점검 지도하는 사이라 문제와 해결책을 아주 잘 알아서 본인에게 설명해 주고 있었다. 그런데 느닷없이 옆좌석의 혈기왕성한 젊은 골퍼가 연습을 하다 말고, P선배에게 이것이 어떻고 저것이 어떻고 훈수를 두는 것이었다. 우리는 어안이 벙벙했다. 그와 다투기 싫어서 "그 점은 염두에 두기로 하지요"라고 이야기는 했지만, 정말 불쾌하고 또 황당하기도 했다.

내가 P선배에게 광화문에서 종로를 통하여 동대문까지 가는 똑바른 길을 설명하고 있는데, 묻지도 않은 행인이 툭 끼어들어 안국동에서 충무로에 갔다가 남산 한 바퀴 돌고 동대문에 도착하는 길이 바른 길이라고 이야기를 하고 있지 않은가? 도대체 핸디가 얼마나 되는 사람일까 해서 유심히 지켜보니 아마도 운이 좋지 않으면 100도 깨기 힘든 무대뽀 골퍼인 듯했다. 그런데도 레슨해 주겠다고 덤비니……

라운드 중 오버하는 레슨은 사절

예닮골 동호회에서 뽑은 꼴불견 매너 중의 하나를 소개한다.

"있잖아요. 핸디가 낮으신 분들 있잖아요. 누구 가르치면서 라운 딩할 때 있잖아요. 적어도 뒷팀 눈에 거슬리게 하지 않았으면 좋겠는데요. 쪼로 난 피교육생 옆에 좇아가서 스탠스가 어떠네 저쩌네 훈수하구요, 친 다음에 자기가 다시 또 폼 한번 잡아주구요. 그리고 나서 자기 볼 있는 데로 터덜터덜 가서 자기 공 치구여. 특히 피교육생이 여성인 경우에 이런 오버가 심해지더군요. 레슨을 하면서 라운 딩할 거면 적어도 진행은 빨랑빨랑 해주면 안 되나여? 뒤에서 보믄 짱나지요."

15년 간 1,000회의 라운드를 하는 동안, 나 역시 수십 명의 머리를 얹어 주고(생애 첫 라운드를 의미) 필드 레슨을 해 주었다. 그러나 어떤 경우라도 뒷팀에 지장을 줄 정도로 시간을 끈 적은 없다. 요즈음 골프장에서는 가끔 금슬 좋은 연인 골퍼들이 보이는데, 그들이 골프장에서 벌이는 애정 행각으로 지연이 되는 경우가 많이 목격된다. 흐린 날씨에도 까만 선글라스에 개 두 마리 그려 있는 복장을 한, 개미 허리 같은 모습의 짝퉁 패션 모델 여자 골퍼에게 삼촌뻘쯤 되는 아저씨 골퍼는 한 샷, 한 샷 열심히 설명하고 토핑 한 볼 좇아가서 주워 와 다시 치게 하고…….

지난 번 마누라와 볼 칠 때는, 마누라 볼이 조금만 빗나가도, "그걸 꼴푸라고 치고 댕기냐?"며 소리치고 구박하던 그 아저씨가 아닌 가? 자기들이 좋아서 지지고 볶고 하는 것이야 볼성사납기는 하지만, 민주 자유국가에서 이러쿵저러쿵할 수는 없다. 그러나 아저씨 당신이 작업하려고 라운드 중에 오버해서 레슨하는 동안 진행은 느려지고, 그것을 지켜보는 뒷팀 골퍼들은 속이 뒤집어진다. 그린 피도 비싼데 뒷팀에게 그린 피를 내줄 것이 아니라면 짱(짜증)나게 하지 말라. 따로 만나서 연습장에서 하든지, 아니면 러브호텔에서 베드룸 골프를 함께 공부하던지 그것은 자유이지만, 제발 필드에서는 오버해서 레슨하지 말지어다.

너나 잘 하세요

동반자를 생각하는 아름다운 마음이 진정한 골퍼의 에티켓이다.

훌륭한 인격자였던 분들이지만, 골프장에서는 결코 환영받지 못했던 선배님들과의 특별한 라운드 경험을 에피소드로 소개하고자 한다.

▌연습 스윙 곧 끝나시죠?

60대 초반의 L회장은 젊어서는 싱글 핸디캐퍼였다.

몇 년 전에도 80대 중반은 무난하게 치셨던 로우 핸디캐퍼였다. 그러나 그 당시 업계 친목회의 단체 모임시 팀을 구성할 때에는 총무인 나에게 많은 선배 회원들이 청탁과 압력을 행사했다.

"제발 L회장과 같은 조로는 넣지 말아주게."

대학 선배인 C사장은, 만약 한 조로 넣을 경우 다시 안 나올지 모른다는 무서운 협박까지 하였는데, L회장의 인간성이 나빠서도 아니고 룰을 잘 안 지켜서도 아니다. 이유는 오직 한 가지, 끝없이 자행되는 연습 스윙 때문이다.

티잉 그라운드에서는 왜글링을 최소한 5번 하고, 페어웨이에서는 연습 스윙을 서너 번, 왜글링 수준은 가르시아에 뒤지지 않고, 그린 주변에서 어프로치 샷을 할 때에는 그 정도가 더 심해진다. 그린에서 시간을 끄는 것을 보기 싫어하는 다른 동반자들은 하늘의 뭉게구름을 쳐다보다가 지금쯤은 퍼팅을 했겠지 하고 바라보면 아직도 연습 스윙을 하고 있고…….

그래서 생긴 새로운 말이, "연습 스윙 곧 끝나시죠?"였다.

그러나 나는 L회장과 여러 번 같이 라운드를 하다 보니 좋은 점이 하나 생겼다.

"오래 참음으로 사랑 가운데서 서로 용납하고……."

인내심은 무지하게 좋아졌다.

일단 본인부터 잘 치고 코치하시지요

요즈음 TV에서 유행하는 말 "너나 잘 하세요"가 생각나는 에피소드가 있다.

15년 전에 가끔 골프를 같이 쳤던 선배의 이야기이다. L선배는 그 당시 60세였는데 드라이버를 사용하지 않고 언제나 3번 우드로 티샷을 하였다. 그럼에도 불구하고 수시로 슬라이스가 나서 숲으로 들어가니 게임이 조금씩 지연될 수밖에…….

이 분이 꽤나 자상하셔서 끊임없이 레슨을 하시는 데, 자기는 3번 우드 티샷을 180야드 오른쪽 숲 속에 넣고, 240야드 페어웨이 한복판에 티샷을 쏜 나를 가르치는 것이었다.

"이봐 미스터 김, 티샷은 말이야, 그렇게 해선 안 돼…… 헤드 스피드가 어쩌고저쩌고……."

"내가 말이야 드라이버를 쓰면 자네보다 10야드는 더 나가는데……."

캐디들은 우스워 죽겠다고 난리를 치기도 했다.

어느 날은 너무 심하다 싶어서 한 번 받아치기로 맘을 먹었다.

"선배님이 드라이버를 치시면 슬라이스만 더 나지, 절대로 거리는 더 늘지 않을 겁니다. 그렇게 자신 있으면 드라이버 쳐보세요. 백스핀이 적으면 사이드 스핀이 늘어나니까 슬라이스 잡기가 더 어려우실 겁니다. 그리고 일단 코치를 하시려면 페어웨이에 떨어뜨려 놓고 말씀하세요."

그러자 그 선배께서 하시는 말씀, "하이고~ 이 친구 보세요. 그렇게 코치 말 안 듣고 언제 싱글 될겨?" 그러나 그 해 나는 싱글 문턱에 도달했고, 그 선배는 그렇게 멀리건을 많이 받았는데도 90 밑으로 친 적이 없었다.

요즈음은 건강을 많이 잃으셔서 골프를 못 하신다는 이야기를 들으니 가슴이 아프다. 잔소리를 다시 듣더라도 그 선배님의 건강한 모습을 골프장에서 다시 뵙고 싶은데…….

고수는 소리 없이 강하다

　　　　　　　　　　영감도 아니면서 이렇게 이야기하기가 조금 멋적기는 하다. 요즈음 볼을 잘 치는 아마추어들이 꽤 많아졌다. 그러나 골프장에서 좋은 매너를 보여주는 골퍼는 그리 많지 않은 것 같다. 내가 골프를 처음 배우기 시작한 80년대 말에는 연습장 프로나 골프 선배들로부터 많은 잔소리를 들었다.

　나를 가르쳐 준 프로님은 어느 날 라운드 때에 그린에서 내가 무심코 그림자를 두어 번 드리우게 하였다고 그렇게 매너 없이 볼 치려면 보따리 싸 가지고 집으로 돌아가라고 핀잔을 주기까지 했다. 또한 토핑을 해서 내가 다시 볼을 먼저 쳐야 하는데, 빨리 움직이지 않고 어슬렁거렸다고 눈물이 핑 돌도록 야단을 맞기도 했다.

　그때는 조금 지나친 것이 아닌가 했지만, 이제 와서 보니 그때 골프 예절을 잘 배웠구나 하는 생각이 든다. 술과 골프는 어려운 사람에게서 배워야 한다는 것이 지금껏 믿고 있는 말이다. 그래서 입문할 때 좋은 선배를 만나는 것이 큰 복이고, 또 선배들은 멘토가 되어 후배들에게 좋은 매너를 확실히 가르쳐 주고 또 모범을 보여야 한다.

지금 시범 보이세요?

어느 초급자가 동호회 게시판에 써 놓은 글이다.

"백돌이를 막 면한 나를 데리고 80대 중반을 치는 선배가 한 게임 하러 나갔다. 이것저것 코치를 해 가며 라운드를 하는데 어느 홀에서가 선배의 세컨 샷이 그린 옆 벙커에 빠졌다. 그런데, 이 선배는 볼을 하나 툭 놓더니 다시 치는 것이다. 그린에는 당근 볼이 4개다. 선배는 벙커에서 벙커 샷을 하고 올라와 그린의 다른 볼을 주워 들었다. 음~ 다음 홀에서 또 미스 샷 비슷한 게 나오면 곧바로 투 볼 플레이다. 그린에서도 자기 퍼팅 끝나면 뒤에서 퍼팅 연습한다. 아무리 친선 게임이라지만 이러면 좀 심한 거 아닌가? 그땐 잘 몰랐는데 오늘 화장실에서 힘주며 생각해 보니 그 선배 참 매너 없었네."

좋은 선배는 좋은 모습을 보여주어야 한다. 후배들에게 나쁜 모습을 보여주면 되겠는가?

니들이 골프를 알아?

예닮골 동호회 게시판에 올랐던 내용이다.

"다짜고짜 레슨하려고 하는 사람이 있지요. 연습장에서 많이 보게 되는데 조용히 생각하면서 연습중인데 옆에서 몇 명이 모여 큰소리로 떠들며 이건 이러네 저건 저러네 아는 척하는 사람들 정말 그러지 좀 말았으면 좋겠어요. 척 보면 80대 중반에서 90대 초반 정도 치는 사람들이 제일 심한 것 같아요. 진정한 고수들은 아무 말 없이 자기 공만 칩니다. 그리고 음료수 한 잔 대접하면서 물어보면 정말 겸손하게 조용히 한마디 정도 해 주시더군요. 한번은 어떤 분을 필드에서 처음 만나 플레이할 때 그 날 따라 제가 드라이버와 아이언이 무지 잘 맞는데 어프로치가 안 되는 날이었습니다. 어프로치가 잘 안 되면 무지 열받아서 속으로 화를 삭히고 있는데 어프로치할 때마다 옆에서 한마디씩 거드는 데 웨지로 확 패 버리고 싶더군요. 하하하. 나중에는 캐디 언니가 계속 듣기 민망한지 웃으면서 한마디 거들더군요. '저 분이 볼도 더 잘 치시고 스코어도 좋으니 사장님 볼이나 신경 써서 잘 치시지요'라고……."

진짜 고수들과 공을 치면서 배우려고 하면 필드에서는 라운드 내내 스윙이나 폼에 대해서는 거의 한마디 레슨도 안 한다. 라운드 중에는 전략과 전술에 관한 팁만 조언해 준다. 그리고 전반 나인 정도 끝난 후에야 이런 점이 좀 부족하다면서 간단한 조언 한마디하고 나머지 후반 나인 지켜본 후에 목욕탕이나 식사 시간에 전체적인 평가를 해 준다. 그리고 꼭 잘 아는 코치의 점검받으며 고쳐 보라고 권한다.

골프의 멘토 되기

레슨받지 않은 것을 자랑하지 말라

이따금 신문이나 방송 인터뷰에서 자기는 평생 레슨을 받지 않은 것을 자랑스럽게 이야기하는 골퍼들을 제법 본다. 또 동반자들에게 레슨은 전혀 필요 없는 것이라고 섣부른 충고를 하는 중급자들을 골프장에서도 흔히 만난다. 이럴 때마다 나는 깜짝깜짝 놀라지 않을 수 없다.

예전에는 집안이 너무 가난하여 학업을 계속할 수 없어 학교 진학을 포기하였다가 독학으로 공부하여 고시에 합격한 사례를 많이 볼 수 있었다. 시민들은 대개 그런 집념과 노력을 값진 것으로 평가하였다. 그러나 혼자서 독학으로 골프를 배웠다고 자랑하는 것은 골프 후학들에게 아주 그릇된 정보를 주는 위험한 행동이다. 오히려 "내가 그 당시 여건상 혼자 독학으로 골프를 배웠는데 이제 보니 이런저런 점이 몹시 부족하고 아쉬웠다고 느낀다"고 이야기해 주는 것이 좋다.

또 초·중급자들 앞에서 "나는 틈이 없어 전혀 연습을 하지 못한다"는 과시성 발언도 하지 말아야 한다. 선배들의 경험을 금과옥조처럼 여기는 후배들에게 아주 그릇된 정보를 줌으로써 때로는 그들로 하여금 낙담하게 하고 또 때로는 고난의 길을 가도록 만드는 중대한 과오를 범할 수 있기 때문이다. 그런 과시성 발언을 하기보다는 후배들을 위한 멘토가 되어 골프 후배에게 동반자가 쾌적하게 경기에 집중할 수 있도록 예의를 갖추는 것부터 각종 규칙, 효과적인 연습 방법, 퍼팅 요령, 어프로치 방법 등을 정성껏 가르쳐 주는 것이 후배들에게 존경받을 만한 성숙한 골퍼가 되는 길이다.

내가 망가지면 동반자도 망가진다

후배 S사장은 자칭 스킨즈의 황제다. 그는 어떠한 경우라도 스트로크 내기는 하지 않는다. 그는 파를 많이 하지만 동시에 트리플보기, 더블 파도 자주하는 '모 아니면 도'의 골프를 친다. 따라서 그의 골프는 시원시원하기도 하지만, 그가 허물어질 때에는 물먹은 솜처럼 흐물흐물해진다. 그와 어울려 골프를 할 때에는 대체로 동반자들의 경기 내용도 함께 허물어지기 일쑤이다. 그가 잘 치는 홀에서는 대체로 동반자들이 좋은 기록을 올리지만 그가 경기를 포기하는 홀에서는 팀 전체가 김빠진 사이다처럼 박진감을 잃게 된다.

누가 뭐라고 해도 골프장에서의 행복지수는 스코어 순이다.

스코어가 나빴을 때에는 내기 결과에 상관없이 골프 만족도는 급격하게 떨어진다. 그래서 자신을 위해서는 물론 동반자들을 위해서라도 최선을 다해 포기하지 말고 열심히 쳐야 한다.

　프로 골퍼나 싱글 핸디캐퍼들이 대체로 하급자들과의 동반 라운드를 기피하기도 한다. 물론 최선을 다하겠지만, 동반자들이 경기 흐름이나 감각을 망가뜨리는 경우가 심심치 않게 생기기 때문이다. 그들은 한 홀 단위로도 티샷을 잘못한 선수와는 페어웨이를 함께 걸으려 하지도 않는다. 동반자의 나쁜 기운이 자기에게 스며들지 않게 하려는 고도의 심리전술 때문이다. 이렇듯 나의 플레이가 동반자의 플레이에 영향을 미친다는 사실을 잊지 말아야 한다. 언제든지 최선을 다하여 플레이를 하는 것이 동반자를 위한 성숙한 골퍼의 자세이다. "어제 밤 한 잠도 자지 못하고 나왔어" 따위의 그릇된 무용담은 이제 더 이상 자랑하지 말자.

골프장의 무서운 조폭 마누라

　　　　　　　　　　　　　　　　에이스골프신문에
이 컬럼을 쓰면서 많은 골퍼들과 이야기를 나누어 보았다. 그들은 한결같이 이제 우리도 골프 문화를 바로 세워야 할 때가 되었다고 강조한다. 모두가 상생(相生)의 행복한 골프를 위해 우리 골프 문화를 한 단계 높여야 한다고 말한다.

퍼트할 때에 볼은 직접 놓자

이것은 원활한 진행을 목적으로 다분히 계획된 골프장의 과잉 서비스일 수 있겠는데, 많은 캐디들이 그린에서 볼의 퍼트 방향을 로고를 기준으로 놓아준다. 어떤 골퍼들은 오랜 구력에도 불구하고, 꼭 캐디가 놓아준 볼의 로고 방향에만 의존하여 플레이를 한다. 또 어떤 이들은 잘못된 퍼트 후에 캐디가 로고로 방향을 잘못 맞추었다고 야단을 치기도 한다. 그린에서 볼 마크를 하는 것도 놓는 것도 다 플레이어가 해야 할 일이다. 프로 시합을 보면 캐디가 플레이어 뒤에 서서 경사에 관한 조언을 해 주는 것을 쉽게 본다. 그렇게 캐디의 의견을 들으면 되는 것이지, 캐디에게 방향을 맞춰 볼을 놓게 한다면 룰에도 어긋나고 길게 보아서는 본인에게도 손해이다.

퍼트의 선/방향은 볼의 스피드와 상관이 있기에 얼마나 세게 치느냐에 따라 경사의 정도가 달라진다. 나는 후배들에게 설사 초보자라 할지라도 볼은 필히 본인이 놓도록 권한다. 그 이유는 캐디가 놓은 볼을 쳤는데 잘못되었을 때에, 이것이 캐디가 방향을 잘못 알려준 것인지 또는 플레이어 자신이 조금 잘못 친 것인지 식별이 되지 않으므로 다음 번 퍼트에도 좋지 않은 영향을 미치고, 길게 보아서는 퍼팅 실력이 별로 늘지 않게 된다.

D그룹의 L회장과 가끔 골프를 할 때면 아주 신선하다. 그 분은 함께 치는 동반자들의 지위 고하를 막론하고 직접 마크하고 볼을 플레이스하는 조건으로 플레이를 하기 때문이다. 그런 습관 때문인지 L회장은 다른 부문에 비하여 퍼팅 실력이 확실히 좋은 편이다

무대포 조폭을 추방하자

몇 개월 전에 P골프장에서 라운드할 때였다. 우리의 뒷팀은 여자 골퍼 세 사람이었다.

파 3홀에서 우리 팀 동반자가 마지막 퍼팅을 끝내고 우리가 그린을 벗어나기 위해 막 움직였을 때, 뒷팀에서 친 볼이 그린 옆에 툭 떨어졌다. 2~3초만 기다려도 될 것을, 더구나 3인 플레이를 하면서 무

엇이 그리 급한지 불쾌한 감정이 생겼다. 그러나 실수였을 것이라는 생각에 그냥 이해하기로 하였다.

바로 그 다음 심한 내리막의 파 4홀에서 우리는 모두 티샷을 잘 하였고, 앞팀이 그린에서 빠지지 않아 세컨 샷 지점에서 기다리고 있었다.

그런데 조금 후 철망을 쓰고 잡초를 뽑던 인부들을 비키라고 하는 시끄러운 고함 소리가 나더니, 뒷팀에서 볼이 날아오는 것이었다. 우리 중 아무도 세컨 샷을 하지 않았는데 뒷팀에서 티샷을 날린 것이었다. 하도 기가 막혀서 뒷 캐디를 만났을 때, "왜 3인 플레이인데 그리 재촉을 하시나요?" 하고 물으니 "말씀 마세요. 천천히 치셔도 된다고 말리는 데도 5초를 못 참고 저런답니다"라고 대답하는 것이었다.

골프장에서 여성이라는 이유만으로 결례를 해도 용서받는다는 생각은 하지 말아야 한다. 골프 실력 좋다고 자랑하기에 앞서, 또 고급 골프 옷을 입고 비싼 클럽을 사용한다고 자랑할 것이 아니라 존경받는 어머니, 사랑받는 아내답게 현숙한 골퍼가 되어야 한다. 언젠가 조사에 의하면 남성 골퍼들이 가장 싫어하는 타입이, '볼은 좀 잘 치는 데 예의가 부족한 안하무인형, 왕비형 여성 골퍼'라고 한 기억이 난다.

여성들이여, 골프장에서 조폭처럼 행동하지 맙시다.

아무리 양반이어도 플레이는 빨리

작년 봄에 에이스골프신문에 쓴 에세이 '입장 바꿔 행동하자'에서 골퍼의 플레이 속도를 잠깐 언급한 적이 있다. 나는 그때에 '골퍼들이 조금 더 현명하게 플레이하기 바란다. 고속도로가 정체되는 이유 중의 하나가 고장 차량이 차선 하나를 막고 있기 때문일 때가 많다. (중략) 아침에 한 두 팀의 진행이 늦어지면 오후 마지막 팀은 아예 18홀을 다 치지도 못한다. 골프 코스도 부족한데 자신의 슬로우 플레이로 다른 골퍼들이 애꿎은 피해를 봐서야 되겠는가?'라고 썼다.

약 200페이지가 되는 골프 규칙의 제1조 1페이지에서 강조되고 있는 것이 플레이 속도(Pace of Play)이다. '모든 사람을 위하여 플레이어는 지체 없이 플레이하여야 한다. (중략) 한 홀의 플레이가 끝나면 플레이어는 즉시 퍼팅 그린을 떠나야 한다'라고 규정하고 있다. 보통

티타임 간격이 6~7분인 점을 감안하여 나는 오래 전부터 티샷이나 평탄한 라이에서의 샷은 연습 스윙 없이 친다. 다만 몇 초라도 동반 자들을 위해 아껴 주어야겠다는 생각이 컸기 때문이다.

다음은 동호회 예닮골에서 뽑은 꼴불견 사례에서 일부 인용했다.

쓸데없이 페어웨이에서 경기 지연하지 마라

앞팀이 티샷을 하고 나갔다. 우리 팀 기다린다. 그런데 이상하다. 페어웨이에 아무도 없다. '어? 벌써 세컨 샷을 했나?' 아니다. 우르르 왼쪽 숲에서 나온다. '어? 다들 왼쪽 숲으로 공이 갔었나?' 아니다. 우르르 이번엔 오른쪽 숲으로 들어간다. '우쒸!' 무슨 내기를 얼마나 크게 하길래 남이 알까봐 감시하러 다니냐? 결국 두 넘은 페어웨이 한가운데서 나중에 공을 친다. 이런~ 그렇게 못 믿으면 왜 같이 공을 치냐, 이 넘들아!

골프 실력을 자랑하기에 앞서, 예의바르게 진행을 잘 하는 매너를 자랑하는 골퍼들이 되자. 나에게 소중한 시간은 남에게도 소중하고, 나에게 귀중한 한 타는 다른 플레이어에게도 똑같이 귀중한 한 타가 된다는 것을 잊지 말아야 한다.

필요 이상 그린에서 시간 끌지 마라

미들 홀(파 4홀이 맞음)에서 세컨 샷을 하려고 기다리는데, 그린에서 와따리 가따리 시간 무지하게 보낸다. 자기 공 옆에서 기둘리면 되지, 왜 치는 넘 옆에서 들여다보고 있는지, 끝났나 싶으면 다시 한 넘이 걸어가서 자기 공 앞에 서서 또 치고, 끝났나 싶으면 다시 한 넘이 걸어가서 또 치고……. 그러더니 그린 위에서 배춧잎 계산까정……. 흐미~ 나 세컨 샷 쪼로 나는 것은 당신들이 나의 인내심의 한계를 시험하기 때문이다.

그렇다. 티샷을 페어웨이 중앙에 잘 쳐놓고, 앞팀이 그린에서 플레이를 지연시켜 오래 기다리다 세컨 샷 실수하는 경우를 우리는 숱하게 경험했다. 너무 오래 기다린 나머지 볼이 잔디 속으로 뿌리를 내렸다는 표현을 하기도 한다. 결국 앞팀의 슬로우 플레이로 인하여 애꿎은 뒷팀 플레이어들이 피해를 보는 사례이다. 공식 경기에서는 플레이 지연이 심할 경우 페널티나 실격을 당하기도 한다.

프로 선수이건 아마추어 골퍼이건 슬로우 플레이어는 모두 기피 인물이 된다. 슬로우 플레이를 지켜보거나 기다리다가 자기의 리듬을 잃는 경우가 많기 때문이다.

누구에게나 사랑받는 골퍼가 되려면 플레이를 신속하게 하라.

밟지 말아야 할 그림자

퍼블릭 골프장 사장이 되었을 때 컬럼을 쓰면서 불편한 점이 하나 있었다. 평생을 일관되게 주장해 온 것이 동반자와 다른 사람들을 위하여 슬로우 플레이를 배격하자는 것이었는데 또 그런 취지로 나는 연습 스윙도 하지 않는데, 얼마 전에 어느 독자로부터 '당신이 골프장 사장이니까 그런 말을 하는 것 아니냐'는 항의성 글을 받은 적이 있기 때문이다. 그러나 모든 것은 개인의 이익보다 여러 사람들의 이익을 우선한다는 기준으로 해석해야 한다.

5분은 당신만을 위한 시간이 아니다

볼이 숲이나 러프로 들어가면 볼을 찾아야 한다. 볼을 찾는데 허용되는 시간은 5분이다. 이것은 볼이 있을 것으로 생각되는 지점에 도착하여 볼을 찾기 시작하면서부터 5분이라는 뜻이다. 그러나 이 5분이라는 시간이 골퍼가 절대적으로 가질 수 있는 것은 아니다. 그런데 '5분은 내 시간이다' 라는 생각을 하는 사람이 의외로 많다. 뒷팀이 밀리건 말건 동반자의 속이 뒤집어지건 말건 볼을 찾으려고 하면 안 된다. 만약에 4인 1조 플레이어들이 친 티샷이 모두 숲 속이나 러프에 들어갔는데 플레이어 각자가 5분씩을 쓴다면 골프장은 정말로 난장판으로 바뀌어 버릴지도 모른다.

플레이어는 항상 부당한 지연 없이 플레이를 해야 한다고 규칙에 명시되어 있고, 이를 위반하면 2벌타이다. 5분을 넘어 한정 없이 볼을 찾으면 2벌타를 먹을 수 있다는 의미로, 코스가 언제나 북새통인 국내 여건으로서는 신속한 분실구 선언이 요구될 수밖에 없다. 오래 전에 강원도 어느 퍼블릭 골프장에서 조인한 여성 골퍼가 홀마다 러프에 볼을 빠뜨리고 또 그 볼을 찾는데 시간을 하도 많이 써서 기다리다 지친 동반자가 '제가 볼을 대신 사드리면 안 될까요?' 하고 물었던 기억이 난다.

그림자나 치워 주세요

도움을 주기 위해 철학자를 찾아간 왕에게 '도움은 필요 없고 단지 햇빛만 가리지 말아 주세요' 라고 했다는 이야기가 있다. 그린에서 범할 수 있는 실수가 그림자 문제이다. 석양 무렵에는 플레이어에게서 멀리 떨어져 있어도 그림자가 퍼트 선상에 드리우는 경우가 흔히 생긴다. 퍼팅은 1mm가 빗나가도 안 들어가는 것으로 아주 미묘하기에 그림자를 드리우지 않도록 주의하는 것이 에티켓이다. 요즈음은 야간 조명을 설치하여 새벽이나 저녁 늦은 시간에 플레이를 하는 골프장이 생겼다. 야간 조명 아래서도 그림자가 동반자의 플레이 선을 침범하지 않도록 주의해야 한다.

어느 골프 내기꾼이 흐름 좋은 동반자를 골탕 먹이기 위해 그림자를 퍼트 선상에 슬쩍슬쩍 침범시켜 본 적이 있다고 고백하기도 했다. 학생 시절 우리는 스승의 그림자도 밟으면 안 된다는 이야기를 많이 들었다. 골프에서는 후배들에게라도 그림자를 비쳐서는 안 된다. 그림자 처리까지 깔끔한 사람이 성숙한 골퍼의 모델이 될 수 있다.

안전주의보를 발령하라

골프장에서는 가끔 섬뜩한 상황이 생기기도 한다. 티잉 그라운드에서 별 의식 없이 연습스윙을 하다 캐디나 동반자를 클럽으로 때려 큰 부상을 입히거나, 세컨 샷이 섕크가 되어 캐디 얼굴에 볼이 맞는 경우처럼 조그만 부주의로 엄청난 사고가 일어나기도 한다. 골퍼들 모두가 쾌적한 플레이를 즐기기 위해서 꼭 필요한 것, 타협이 있을 수 없는 것 하나가 바로 안전의 확보이다. 그래서 골프 규칙 제1장 에티켓의 첫 항목이 '안전의 확인'이다.

역지사지로 안전을 생각하라

우리 동호회의 장타자 원주 반석치과 K원장이 오래 전에 게시판에 쓴 글이다.

"먼저 이 글이 필로 형님의 염통에서 피가 솟구치지 않기를 바라면서 올립니다 하하하. 남이 잘못한 경우보다는 제가 초보 시절 잘 몰랐을 때 가끔 저질렀던 일입니다.

파 5홀 세컨 샷하기 위해 캐디에게 물어봅니다.

"거리 얼마나 남았어요? 쳐도 되나요?"

가소롭다는 표정으로 캐디 왈……

"200미터 이상 남았어요. 걱정 말고 치세요."

3번 우드로 쳤더니 퍼팅하는 사람들 머리 위로 공이 떨어집니다.

처음엔 별로 미안한 줄도 몰랐습니다. 볼이 사람에 안 맞았으니까…….

하지만 캐디가 달려가서 열심히 사과하는 것을 보며 내가 잘못했다는 것을 알 수 있었습니다.

짧은 파 4홀, 전번 홀 파를 기록해 아너가 되었습니다. 앞팀은 세컨 샷을 마치고 그린으로 이동합니다. 캐디 왈, "아너 분, 준비하시고 치세요." 아무 생각 없이 티샷을 날렸습니다. 무척 잘 맞았습니다. 무척이나 높이 날아간 공이 그린 근처에 떨어집니다. 앞팀에서 전부 뒤돌아서 쳐다봅니다. 모자 벗고 인사하면서도 마음 한 켠에 뿌듯함이 있었습니다.

봤지? 내 장타 하하하.

그런데 언젠가는 반대로 파 5홀에서 세컨 샷을 하기 위해 앞팀이 홀아웃하기를 기다리는데 뒷팀에서 티샷한 공이 발 근처에 떨어지는 것을 보니 무척이나 짜증이 나더군요.

지금은 안전거리를 확실하게 확보한 상태에서만 샷을 합니다.

아너인 경우에도 원 온을 노리는 홀에서는 제일 나중에 샷을 합니다. 하하하……."

티잉 그라운드를 포함해서 볼을 칠 때는 자신의 최대 비거리 이상으로 앞조가 나간 후 샷을 하여야 한다. 앞조의 사람들이 있는 곳까지 멀리 볼이 날아가면 큰소리로 볼이야 (Fore!)라고 소리를 쳐서 위험을 알려야 한다. (어느 퍼블릭 골프장 사주는 캐디들에게 '볼이요' 라고 소리치지 말라고 했다. 가만히 두면 등짝을 맞을 텐데 공연히 소리쳐서 돌아보다가 머리에 맞을 수 있기 때문이라 했는데 이것은 정말 위험한 발상이다.)

특히 그린에서 퍼팅 어드레스에 들어갔던 앞조의 플레이어가 그린 주변에 볼이 떨어질 때 집중을 잃게 되면 필경 한 타를 손해 보게 되고, 그 한 타가 흐름을 완전히 망가뜨리기도 한다.

아무 데서나 피우는 담배

나도 몇 년 전까지는 18홀 돌 때 담배를 반 갑이나 피웠다. 잘 안 맞아서 마음 달래느라고 한 대, 잘 맞아서 들뜨지 말라고 한 대. 이렇게 피우다 보니 한 라운드에 족히 반 갑이나 연기로 사라지기 일쑤였다. 지금 나는 금연에 성공하였지만, 대학 동창생 H는 나에게 6타 정도 핸디를 받는 실력인데, "자네가 담배를 피우지 않는 조건으로 핸디 없이 맞붙자"고 할 정도로 나의 라운드에 담배는 필수품이었다. 1번 홀 티잉 그라운드에서 담배갑에 몇 개비 없는 것을 알게 되면 정서 불안으로 볼이 안 맞을 정도였다.

그러던 어느 날 포천의 I골프장 아름다운 홀 그린 주변이 담배 꽁초로 인한 화재로 시커멓게 타 버린 것을 보고 무척 가슴이 아팠다. 사소한 실수로 함께 가꿔야 할 자연이 허무하게 망가진다는 것을 알고, 골프장에서는 담배를 참으려고 무척 노력하였다. 특히 요즈음 같이 모든 것이 노랗게 말라 있을 가을, 겨울에는 담뱃불이 정말 위험하다. 자신의 건강은 물론 골프장의 안전을 위해서도 지정된 장소가 아닌 곳에서는 철저히 금연하는 것이 성숙한 골퍼의 도리이다.

이것이 네 볼이냐?

우리나라 골퍼들은 세계에서 가장 불쌍한 골퍼다. 골프 인구에 비하여 턱없이 부족한 골프장, 국민 소득에 비하여 매우 비싼 비용, 더구나 교통 체증까지 감안한다면 가장 악조건에서 골프를 치고 있다고 해도 과언이 아니다.

미국이나 영국 호주 뉴질랜드의 한적한 시골 골프장에서 플레이를 하면 황제 골프처럼 18홀 내내 겨우 두세 팀 만나는 경우도 흔하다. 그러나 우리나라 주말 골프의 경우 그린 피와 카트 비용만으로도 20여 만 원, 타당 비용으로 환산하면 족히 한 타에 3,000원, 짜장면 한 그릇이나 된다. 그런데도 골퍼들은 가끔 봉 취급을 받기도 한다. 이렇게 비싼 운동이니 만큼 골퍼들끼리라도 철저하게 동반자에 대한 예의를 지켜 도움 주는 상생의 골프를 추구해야 한다.

이른 아침 팍팍 풍기는 술 냄새는 싫어 싫어

후배 P는 영업담당 임원이다. 그와 몇 번 주말 골프를 했다. 그는 매번 아침에 벌건 눈으로 술 냄새를 팍팍 풍기며 나타나서는 "형님 죄송합니다. 어제 밤새 술을 마시고 한 시간쯤 자는 둥 마는 둥 했습니다. 실수를 하더라도 이해해 주세요"라고 말한다.

처음에는 그가 약속을 지키려고 잠도 못 자고 나온 것이 안쓰러워서 위로도 해 주고 다 이해해 주었다. 하이 핸디캐퍼인 그가 컨디션도 나쁜 상태에서 골프를 잘 치기는 매우 어려웠기 때문에 숲 속으로 들어간 볼도 찾아주고, 페이스도 맞춰 주고 잘 보살펴 주었다. 그러나 그와의 라운드는 늘 부산한 가운데 시작되고 잘 집중되지 않고 동반자 전체의 스코어는 매번 하향 평준화가 되었다.

그러다가 하루는 내가 그에게 따끔하게 충고했다.

"골프 전략은 볼 안 맞는 사람과는 페어웨이에서도 떨어져 걸으라고 권한다네. 자네가 그린 피를 대신 내는 것도 아닌데 전체의 분위기를 흐려서야 되겠는가? 앞으로는 골프 전날 과음하지 말게. 적어도 아침에 같이 라운드하는 동반자들에게 술 냄새를 풍기는 일은 없도록 하게. 골퍼들은 대개 골프장에 오면서 오늘은 한 타라도 줄여보겠다는 희망을 가지고 오지 않는가? 술이 덜 깨서 치는 취타는 동반자들에게 예의가 아닐세."

그날 이후 P는 골프를 앞둔 전날밤에는 죽기살기로 술을 절제했고, 그 결과 그는 다시 호평받는 동반자가 되었다

이것이 네 볼이냐?

꺼진 불도 다시 보자는 화재예방 구호가 있다. 코스에서는 놓인 볼도 다시 보자는 말이 있다. 깜빡하면 볼을 바꿔치는 사고가 수시로 발생하기 때문이다.

K사장은 동창생인 골프 라이벌 P교수와 자존심이 걸린 한 판 승부를 벌이고 있었다. 그날 K사장은 회사 임원 S상무를 동반하였는데 핸디캡이 높고 또 비거리가 다소 짧은 S상무가 늘 먼저 세컨 샷을 하게 되었다. 15번 홀 티샷을 K사장 S상무 모두 페어웨이 한복판에 멋지게 날렸다.

여느 홀과 마찬가지로 S상무가 먼저 세컨 샷을 했다. 이어 K사장은 10야드 정도 더 나간 볼을 쳤고, 멋지게 온그린되었다. 그린 근처에서 S상무가 어프로치 후에 온그린된 볼을 마크하고 집으면서 깜짝 놀라 소리를 쳤다.

"앗! 사장님, 볼이 바뀌었네요."

두 사람이 같은 T사 볼을 썼고, S상무는 늘 자기의 거리가 짧았기에 가까이 있던 볼을 자기 것으로 생각해서 먼저 세컨 샷을 한 것이고, K사장은 S상무가 먼저 샷을 했기에 멀리 나간 볼을 당연히 자기 것으로 생각해 세컨 샷을 했다.

동반자의 실수와 잠깐의 방심으로 오구(誤球) 플레이를 하게 된 K사장은 순식간에 언더파의 꿈도 사라지고, 그 좋았던 경기 흐름도 한순간 망가졌다.

볼을 바꿔 친 S상무는 그로부터 오랫동안 K사장을 제대로 바라보지 못했다고 한다.

S골프장 14번 홀은 파 4홀이지만 약 380야드 거리에 약간 오르막이라 티샷을 멀리 쳐야 된다는 부담감이 있는 홀로 통상 단체팀의 롱기스트 드라이브 지정 홀이다. 지난 몇 홀에서 승부가 나지 않아 스킨이 많이 쌓였는데, 두 사람은 좌측으로 훅이 걸려 경사진 러프에 볼이 떨어졌고, C의 볼은 우측으로 슬라이스가 나면서 딱 소리를 내고 나무에 맞았다. 오직 L만이 페어웨이로 볼을 쳤다. L은 동반자의 볼을 찾아주다가 흐름이 깨진 적이 많으므로, 일단 자기가 먼저 볼을 친 후에 찾아주겠다는 마음을 먹고 먼저 세컨 샷을 하여 멋지게 온그린시키고 핀 옆에 붙였다.

거의 버디 찬스인 것이 확실하여 자신의 스킨 획득을 막을 자가 없었다고 생각했다. 우측 숲으로 간 C가 로스트 볼을 선언하고 러프에서 네 번째 샷을 했지만 온그린에 실패하였다. 자신의 온그린된 볼을 마크하던 L은 깜짝 놀랐다. 그 볼은 자신의 것이 아니라 C의 것이었고, C의 볼은 나무를 맞고 페어웨이로 튀어 들어온 것이었는데, L은 오직 자신의 볼만이 페어웨이에 있다고 속단을 하고 확인 없이 오구 플레이를 한 것이었다.

오구 플레이로 다 잡았던 스킨도 날리고 욕까지 실컷 먹은 L은 그 일이 있은 후, 언제나 자신의 볼이 확실한지 꼭 확인을 한 후에 플레이하는 습관이 생겼다.

여분으로 들고 다니는 채와 볼, 매너의 기본

축구, 농구, 야구, 배구 가릴 것 없이 모든 구기 경기에는 공격과 수비가 있다. 하다못해 당구 경기에도 상대방의 공격 저지를 위한 수비 작전을 쓸 때도 드물지만 나온다. 그런데 유일하게 골프만은 플레이를 할 때에 동반자나 타인이 수비 또는 방해를 할 수 없으며, 방해 행위가 있을 경우 2벌타의 페널티가 붙게 된다. 그래서 골프는 스스로 규칙과 매너를 잘 지키는 신사 숙녀의 스포츠라고 한다.

10년 전만 해도 캐디 한 명이 플레이어 한 사람의 백을 메는 것이 보통이었다. 그러나 이제는 동남아 국가 몇 군데를 제외하고는 아마추어 골퍼가 그런 귀족 같은 골프를 더 이상 하기가 어렵다. 따라서 이제는 동반자들끼리 서로를 배려하는 더욱 성숙한 골프 매너가 요구된다.

다음 플레이를 위해 클럽을 몇 개 들고 다니자

얼마 전에 매너와 실력이 좋기로 소문난 클럽 챔피언급 고수 K와 어울릴 기회가 있었다. 그런데 후반 9홀에서 이상하게도 K는 실수를 연거푸하며 경기 리듬을 전혀 살리지 못하는 것이었다. 마지막 그늘 집에서 그 이유를 조용히 물어보았다. 그는 조심스럽게 이야기하였다.

"다 제가 아직 부족한 탓이지요. 그러나 함께 치는 L사장님의 영향도 있는 것이 솔직한 제 답변입니다."

그 날 함께 조인한 L은 플레이도 서툴지만 에티켓과 매너에 대하여 진지하게 배우거나 생각해 본 적이 없는 듯하였다. 초보자라서 실수가 많으니 아무래도 L이 한 번이라도 더 샷을 하게 되었다. 그런데 그는 치고 난 후 다음에 사용할 클럽을 들고 이동하는 법이 없었다. 꼭 볼이 있는 자리까지 와서 캐디에게 클럽을 가지고 오라는 것이었다. 그리고 그 샷을 또 실수하고 다시 먼저 쳐야 하니, 프리샷 루틴을 하던 K는 어드레스에 들어갔다가 자세를 다시 푼 것이 한두 번이 아니었다.

그리고 L의 늦장 플레이로 인해 회원인 K는 점점 마음이 급해져서 편안한 가운데 샷을 하기가 어려워졌다. L은 다음 샷을 위해 클럽을 몇 개 들고 갔어야 했다.

예비 볼을 준비해 두자

그러다가 K가 몹시 마음을 상하는 일이 생겼다. 늦장 플레이어 L이 세컨 샷을 한 것이 짧아 그린 앞 워터해저드에 빠졌다. L은 캐디에게 "아무 볼이나 빨리 하나 던져요"라고 급히 주문을 하였고, 마음이 급한 캐디가 그만 실수로 K의 애지중지하는 쓰리피스 볼을 던져 주었다. 그런데 L이 바로 그 자리에서 다시 치다가 똑같이 또 빠뜨린 것이었다. 이 사실을 알게 된 K는 속이 부글부글 끓게 되었고 마음의 평정을 잃어 그 이후 졸전을 벌이게 되었다.

L은 원구를 물에 빠뜨린 후에 당연히 카트 쪽으로 와서 자기의 볼을 꺼내, 워터해저드로 접근해서 드롭 후에 플레이를 하였어야 하는데, 비록 룰에는 어긋나지 않지만 그 자리에서 다시 치며 똑같은 실수를 하여 또 시간을 끌었고, 급기야는 동반자의 소중한 볼을 물 속에 쳐 넣은 것이었다.

프로나 싱글 핸디캐퍼들은 예비 볼을 가지고 다니지 않는다. 그들은 볼이 분실되어 시간을 끈다거나 동반자의 흐름을 끊을 가능성이 매우 적기 때문이다. 그러나 중 하급자들의 경우에는 친 볼이 수시로 분실구가 되거나 워터해저드 또는 OB 구역으로 날아갈 가능성이 있다고 느껴지면 미리 예비 볼을 준비하여 동반자들을 배려해야 한다. 물론 예비 볼을 사용할 경우에는 잠정구임을 꼭 선언해야 한다.

무심함과 무례함 사이

아주 오래 전의 일이다.
초보 시절 캐나다에 출장 갔을 때 주말에 시간이 있어 현지에 사는 친지와 퍼브릭 코스에서 라운드를 했다. 물론 캐디도 없었고, 코스 레이아웃도 인쇄되지 않은 엉성한 스코어 카드 한 장이 고작이었다. 그저 우리는 매홀 핀을 찾아서 한 발 한 발 나아갔다. 그러다가 어느 블라인드 파 4홀에서 티샷을 해 놓고 페어웨이에서 세컨 샷을 해야 하는데, 전방에 깃발이 보이지 않아서 두리번거리다 보니 우측에 깃발이 보이기에 우리 둘은 그곳으로 세컨 샷을 날렸다. 한참 걸어가는데 무언가 이상한 기분이 들었고, 다른 쪽에서 다른 골퍼 일행이 나타나는 것이었다. 우리가 물어보니 직진을 해야 할 곳에서 우회전을 하고 다른 홀에 플레이를 한 것이었다. 나중에 알았지만 우리 앞의 조에서 깜빡 잊고 깃발을 꽂지 않아서 그런 실수가 생긴 것이었다.

핀을 사랑하라

"핀은 우리가 쉽게 홀을 공략할 수 있도록 온몸을 던져 목표물 역할을 수행했다. 이제 우리가 그린을 점령하고 홀을 향해 마지막 일격을 가할 때 우리의 핀대는 그린 구석에 처참히 쓰러져 있다. 훌륭한 장수는 홀을 함락하고 다음 성으로 진격할 때 점령지의 백성을 따뜻이 감싸안을 줄 알아야 한다. 처참히 쓰러져 있는 핀대를 사랑하라. 부드럽게 안고 챙겨주어라." (예닮골 게시판에서 퍼옴)

동창생 L은 화끈한 골퍼이다. 매샷이 시원시원하여 그린에 오르기까지는 좋은 동반자였다. 그런데 그가 핀을 잡기만 하면 나는 깜짝깜짝 놀란다. 캐디를 도와준답시고 핀을 뽑아주는데, 일단 뽑으면 핀을 그린 밖으로 확 집어던졌다. 또 자기 퍼팅을 마치고 마지막 플레이어가 퍼팅을 할 때에 핀을 잡아주게 되면, 이순신 장군이 칼자루 잡고 있듯이 핀대 중앙을 잡고 있어 깃발이 펄럭이며 소리를 내게 된다. 그래서 나는 "태극기가 바람에 펄럭입니다"라고 그의 귀에 속삭여준다.

동반자 플레이에 딴청 피우지 마라

선수들은 시합에서 플레이어와 마커 사이가 아니면 남이 플레이를 할 때 전혀 신경을 쓰지 않는다. 그러나 아마추어의 90%는 친목을 위한 골프를 한다. 그래서 선수들의 시합과는 사뭇 다른 분위기일 수밖에 없다. 접대로 골프가 굳어진 후배 P는 도대체 자기가 볼을 치는 것인지, 갤러리로 왔는지 캐디 보조로 플레이를 하는 것인지 자기 볼 떨어진 것에는 관심이 없고, 오로지 손님의 볼만 찾아다니느라고 러프로 숲으로 뛰어다니기에 정신이 없다. 그는 구력 10여 년에 아직도 100타 언저리에서 논다. 그래서 나는 접대 골프를 하려면 호스트 본인이 일단 잘 쳐야 한다고 충고한다.

반면 선배 C는 싱글 핸디캐퍼로 내기 골프 승률이 매우 높은 프로 게이머(?)이다. 그는 칼같이 룰을 잘 지키고, 골프도 대단히 잘 치지만 내기 상대가 아닌 일반 골퍼들은 그와의 라운드를 기피하는 편이다. 볼은 잘 치지만, 남의 플레이에는 전혀 관심이 없고, 특히 하수들이 실수하는 것을 보면 나쁜 장면이 전염된다고 아예 딴청을 핀다. 동반자가 샷을 하거나 퍼팅을 할 때 그는 떠 있는 뭉게구름을 보고, 지저귀는 새 소리에 귀를 기울인다. 그는 골프 외에도 자연을 즐기고 사랑하지만, 동반자들은 그의 태도에서 모멸감을 느끼기도 한다.

너는 퍼팅해라, 우린 간다

진행에 마구 좇기는 것도 아닌데, 마지막 숏퍼트를 남기고 있는 동반자를 위해 기다려 주는 것이 아니라, 먼저 다음 홀로 이동하는 골퍼들이 많다.

이때 달랑 혼자 남아서 퍼팅을 해야 하는 플레이어의 입장에서는 짜증이 나지 않을 수 없다. 더구나 뒷팀이 세컨 샷 지점에서 기다리고 있기라도 한다면 마음이 복잡해져서 그 퍼트를 실패할 가능성이 매우 높아진다. 그런데 실제로는 동반자의 숏퍼트를 실패하도록 유도하기 위하여 그런 압박작전을 쓰는 골퍼들도 있다고 한다.

반면에 동창생 H는 배짱이 좋은 친구인데, 이런 상황이 생기면 일부러 퍼팅을 하지 않는다. 다음 홀로 이동을 하던 동반자들이 다시 그린으로 다 돌아와야 비로소 퍼팅 자세를 취한다. 그래서 H가 퍼팅을 할 때에는 모두 다 군소리하지 않고 기다려 줄 수밖에 없다.

그린에서의 룰과 에티켓

　　　　　　　　　　　　골프 스코어의 43%가 퍼팅이라고 한다. 그만큼 퍼팅이 중요하다는 것은 천하가 다 안다. 더구나 그린 주변 어프로치 샷을 포함한다면 스코어의 약 60%가 그린과 그 주변에서 일어난다. 넓은 페어웨이의 저 끝에 홀 전체 면적의 5% 정도, 기껏 200평밖에 되지 않는 그린에서 스코어의 절반을 친다면 그것만 봐도 그린에서의 룰과 에티켓은 아무리 강조되어도 지나치지 않다. PGA 우승자들은 퍼팅 잘 들어가서 우승했다고 하지, 드라이버 잘 맞아서 우승했다고 인터뷰하는 적이 없다. 어느 싱글 동호회에서 조사를 했는데, 같이 라운드하기 싫은 사람 1순위가 퍼팅시에 방해되는 동반자였다.

온그린 즉시 마크하자

그린에 볼을 올리면 재빨리 마크를 하는 것이 좋은 에티켓이다. 특히 그린 주변에서 어프로치를 하려고 할 때 홀과의 연결된 플레이 선상에 동반자의 볼이 있을 때에는 매우 좋지 않은 영향을 끼친다. 또한 그린에서 퍼팅을 한 볼이 다른 골퍼의 볼에 맞을 때 2벌타가 부과되므로, 자신의 부주의나 결례 때문에 동반자에게 피해를 줄 수도 있다. 그래서 가능하면 온그린된 볼은 재빨리 마크하여 동반자가 마음 편히 어프로치 또는 퍼팅할 수 있도록 하는 것이 꼭 지켜야 할 매너이다.

K는 내기 골프에 도가 텄다고 스스로 생각한다. 그는 동반자가 어프로치나 롱 퍼팅을 하려고 프리샷 루틴을 막 시작할 때에 "아, 잠깐" 하면서 마크를 하는 수법을 쓴다. 예의를 갖추는 척하면서 교묘하게 집중을 흐트러 놓는 수법이다. 결국 그는 꼬리가 길어서 잡혔고 동반자들의 요주의 인물 1호로 낙인찍혔다.

홀 반대편에 볼을 놓지 말라

캐디들이 진행을 빨리 한다는 구실로 홀 주변의 짧은 퍼팅을 위해 미리 볼을 놓아주기도 한다. 퍼팅할 때엔 내 신발과 볼 이외에 아무 것도 눈에 들어오지 않아야 집중하기가 쉽고 또 집중이 잘 되었을 때에 퍼팅의 성공 확률이 더 높아진다. 누구든지 약 1~2미터의 내리막 숏퍼트를 할 때, 홀 반대편 한 걸음 거리에 동반자의 볼이 놓여 있게 되면 무척 신경이 쓰인다. 볼이 놓여 있는 것만으로도 집중이 흐트러질 수도 있고, 실수해서 그 퍼팅이 지나쳤다가 그 볼에 맞는다면 룰에 의해 2벌타를 맞게 된다. 그렇다고 동반자나 캐디가 놓은 볼을 치워 달라고 말하자니 마음은 불편하고…….

결국 그런 상태에서는 퍼팅 실패 확률이 높아지고, 동반자의 무례로 인한 실패 후에는 여간해서 마음을 다스리기가 어려워진다. 홀 반대편 가까운 거리에 볼을 놓아 방해하는 것은 코 앞 정면에서 쳐다보는 행위보다도 나쁘다.

홀아웃 후에는 빨리 방을 빼 줘라

홀아웃한 후에 즉시 그린을 벗어나는 것은 매우 좋은 습관이다. '앞팀의 99%가 슬로우 플레이를 하는 못된 사람들이고, 뒷팀의 99%가 성질 급해 재촉하는 나쁜 인간들'이라는 농담은 골퍼들 사이에 자주 주고받는 농담이다. 만약 세컨 샷 지점에서 뒷팀이 기다리고 있었다면 뒷팀을 위해서도 물론이지만, 동반자가 짧은 퍼팅을 잘 마무리할 수 있도록 그린을 신속히 빠져 나와 주는 것이 좋다. 어떤 이들은 실패한 퍼팅이 못내 아쉬워서 동반자가 퍼팅을 하고 있는데도 그린 한 구석에서 톡톡 소리를 내며 연습 퍼팅을 하고, 또 어떤 이들은 그린 위에서 퍼터로 다음 홀 티샷 스윙 연습까지 하기도 한다. 이는 아주 좋지 않은 습관이다.

피치 마크를 손질하라

때로는 볼이 떨어질 때 움푹 패인 자국으로 인하여 퍼팅을 방해받는 경우도 생긴다. 골프를 정말 사랑한다면 무엇보다도 그린을 내 집 안방처럼, 또 새로 산 깨끗한 자동차처럼 아낄 줄 알아야 한다. 그린

보수기를 하나씩 준비하고 어떻게 보수하는지 그 방법을 배워서 적어도 내 볼이 만든 피치 마크는 자기 손으로 손질하는 애정이 있어야 매너가 좋은 성숙한 골퍼로 대접받는다. 세컨 샷을 잘 붙여 놓고 버디 퍼팅을 노리고 있는데 퍼트 라인으로 줄줄이 피치 마크가 있다고 상상해 보라. 그 퍼팅이 기분 좋게 들어가겠는가? 나에게 소중한 한 타는 분명 남에게도 소중한 한 타가 된다.

그린은 에티켓 우범지대

얼마 전 열린 X캔버스 시합에 초청 선수로 와서 우승한 줄리 잉스터 선수가 "시합 내내 스윙이 나빠서 고생이 많았는데, 퍼팅이 흔들리지 않아서 우승을 할 수 있었다"고 말했다.

프로 선수의 우승을 좌우하는 것이 바로 퍼팅이고, 아마추어도 퍼팅이 잘 안 되는 날은 대개 형편없는 스코어로 눈물을 삼켜야 한다. 퍼팅이 스코어의 40% 이상으로 중요하니 특히 그린과 그 주변에서 동반자는 물론 앞뒷 팀에도 쾌적하게 플레이할 수 있도록 배려할 줄 알아야 한다. 진정한 고수는 에티켓도 일품이다. 좋은 매너 운동에 앞장 서는 예닮골 동호회 게시판에서 사례 몇 개를 뽑아 보았다.

퍼팅 순서는 특별히 잘 지키자

"래그 퍼팅하려고 왔다 갔다 하고 거리, 브레이크 본 다음에 공 앞에 서서 심호흡 한 번 하고 스탠스를 취했는데 느닷없이 홀 근처에 있던 사람이 그냥 퍼팅했을 때, 갑자기 필름이 끊어지면서 어디로 어떻게 퍼팅을 하려고 했는지 아득해진다."

넓은 페어웨이에서도 플레이 순서가 바뀌면 프리샷 루틴이 깨지면서 흐름을 잃는 경우가 생긴다. 하물며 그린의 좁은 공간에서 순서가 바뀌는 경우에는 바로 한 타의 손해로 이어지면서 심한 경우 다음 홀 티샷까지 악영향을 미치게 된다.

동정하듯이 기브 주지 말라

"전 기브를 받으면 고맙다고 인사를 하고 웬만하면 퍼터로 쳐 올려 잡지 않고 손으로 공을 집어듭니다. 제가 기브를 받을 때 주는 사람이 퍼터로 툭 쳐내는 것도 기분이 별로 좋지 않더라구요. 그래서 전 기브를 줄 때도 다음 분 퍼팅에 지장이 없다면 그 분이 가지고 가실 때까지 놔두는 편인데…… 스킨스 게임할 때 특히 상대방이 퍼팅을 했는데, 한참 긴데도 불구하고 '자넨 오케이여~' 하며 오케이 준 사람이 자기 퍼터로 딥따 툭 쳐서 가져가라고 할 때 짱나지요. 게다가 자기 퍼터로 툭 친 것이 딴 방향으로 삑사리 나면, 네가 주워 와 짜샤 @.@??!!#·%$"

퍼팅에 지장을 주면 비난받아 마땅

그린은 절대 정숙 지역이다. 도서관보다도 더 조용해야 된다. 조선시대 어전회의에서 임금님이 말씀하시기 직전같이 차분 정숙해야 되는 곳이다. 소리 없이 사~삭 움직이면서 거리와 라이를 탐색해야 한다. 동반자들과 정겨운 이야기를 주고받을 수는 있지만 그것이 방해 소음으로 발전해서는 절대로 안 된다.

또 무심히 남의 퍼팅 라인을 밟는다거나 (부주의도 무매너이다) 남이 퍼팅하는 데 뒤에서 볼 놓고 퍼팅 연습을 한다거나, 그림자를 드리운다거나, 퍼팅 시선에서 알짱거리는 등 퍼팅에 지장을 주는 모든 행위는 비난의 대상이 된다. 프로들은 시합 때에 그린에서는 거의 말을 걸지 않는다.

서로 각자의 퍼팅에 집중을 하기 때문이다.

남의 그린을 훔치지 말라!

파 3홀에서 사인을 주고 다음 팀 티샷 후, 한참 퍼팅하고 있는데 또는 어드레스에 들어갔는데 다음 팀 선수들이 그린으로 접근한다. 심한 경우 그린 위까지 올라와서 알짱거린다. 아니면 아주 인접한 곳에서 내 퍼팅 라인을 침범하며 자기 라이를 살핀다. 정말 짜증이 난다.

이런 경우 앞조가 플레이를 마치고 홀아웃할 때까지 그린에 접근하면 안 된다. 남의 그린을 훔치는 행위나 남의 침실에 무단 침입하는 것과 무슨 차이가 있겠는가?

대략 20~30야드 정도의 거리에서 살펴보아도 충분하기 때문에, 그린에는 앞팀이 확실히 방을 뺀 후에 올라가야 바른 매너이다.

벙커에 자국을 남기면 추한 모습

만약에 골프장에 벙커가 없다면 골프의 맛이 참으로 밋밋할 것 같다. 그린 앞의 위협적인 벙커를 피해서 샷을 하는 스릴이 골프의 빼놓을 수 없는 재미 중의 하나이다. 그러나 그 벙커가 실제로는 많은 골퍼들에게 스트레스를 주고 있고 왕왕 다른 골퍼들에게 짜증을 안겨주기도 한다. 동물의 발자국이 아닌 사람의 발자국은 규칙상 구제받지 못하고 놓여 있는 상태로 플레이를 해야 하기 때문이다.

머문 자리가 지저분해서야……

화장실이건, 목욕탕이건, 그린이건, 벙커이건 성숙한 골퍼라면 들어갈 때보다 나올 때가 훨씬 깨끗해야 한다. 고속도로 휴게소 화장실에는 '아름다운 사람은 머문 자리도 아름답다'고 써 있다.

우스갯소리를 하나 하자면, 바람둥이 꽃미남 회원과 미모의 독신녀가 같은 골프장 회원인데 눈이 맞았다. 그들은 해가 질 무렵 남의 눈을 피하여 클럽하우스에서 가장 먼 14번 홀 그린 옆 아늑한 벙커 속의 고운 모래 위에서 격렬한 사랑을 나누었다. 그런데 그 다음 날 회원 징계위원회가 열리고 그들은 모두 제명되었다. 풍기문란이 이유였을까? 천만의 말씀이다. 회원들 아무도 그 장면을 보지 못하였고, 또 봤다 하더라도 법적으로 전혀 하자가 없는 사랑 행위였기 때문이다. 그런데 왜 제명되었을까? 바로 벙커에서 사랑을 나눌 때 만든 깊은 엉덩이 자국을 고르지 않아 코스를 사랑할 줄 모르는 매너 나쁜 골퍼로 찍혔기 때문이다.

머문 자리가 지저분한 골퍼는 정말로 사랑받기 힘들다.

하얀 눈 위에 남기는 발자국은 추억의 발자국이 되지만, 벙커에 남기는 발자국은 당신의 추한 모습을 남긴 사진이다.

벙커에도 출입문이 있다

겨울 휴가 때에 한국인이 운영하는 태국 골프장에서 골프를 한 적이 있는데, 그 골프장은 벙커에 고무래를 두는 것이 아니라 캐디가 하나씩 준비하여 들고 다닌다. 어느 주부가 조인을 해서 함께 라운드를 하게 되었다. 행동도 조신하고 볼도 어느 정도 치고, 말씀도 아주 교양 있는 분이었는데 벙커에만 들어갔다 오면 따라 다니던 캐디가 나를 바라보면서 황당한 표정을 짓는 것이었다.

그 골프장에는 유독 크고 긴 벙커가 많았고, 그 여자 분은 티샷이 유난히 페어웨이 벙커에 많이 빠졌다. 여자 분은 벙커에 들어갈 때는 대충 볼 근처로 가서 들어가지만 벙커 샷을 마친 후에는 그린 쪽으로 걸어나가는 바람에, 애꿎은 캐디는 그 발자국을 따라 벙커를 고르고 다시 저 멀리 돌아와 카트를 끌고 가야만 했다.

특별한 경우가 아니라면 벙커에서는 들어갔던 곳으로 다시 나오는 것이 좋다.

그리고 1캐디 4백의 시스템인 우리나라에서는 벙커 샷을 한 후에 플레이어가 직접 벙커를 고르게 하고 떠나는 것이 좋은 매너이다.

동반자의 벙커 샷에 하나, 둘 세지 맙시다

K와 L은 막역한 동창생 사이로 핸디가 비슷한 골프 맞수이다. 그들은 평생을 스크래치로 하자고 약속을 한 라이벌인데, 요즈음 사이가 틀어졌다. 이유를 알아보니 벙커에서 일어난 해프닝 때문이었다. 최근에는 K가 내기에서 연속해서 졌다고 했는데, 그 날은 웬일인지 매홀 L이 벙커에 빠지고 또 벙커에 빠질 때마다 실수를 하여, 때로는

3타만에 벙커를 빠져 나오기도 하였다고 한다. 후반전에 파 3홀에서 티샷이 또 벙커에 빠져 화가 잔뜩 나 있는 L이 벙커 샷을 할 때마다 하나, 둘 세면서 K가 약을 올렸다. 친구 사이에 어느 정도는 허용이 될 수도 있겠지만, 남의 불행을 즐기고 약올리는 행위는 성숙한 모습이라고는 말할 수 없다.

위치의 미학, 골프장에도 길이 있다

얼마 전 에이스골프신문을 받아보고 무척 기뻤다. 표지에 '올해엔 에티켓 핸디캡부터 줄여보자'라는 제목으로, '기본으로 돌아가면 매너가 보인다', '에티켓도 레슨이 필요하다'라는 내용으로 동반자에 대한 배려를 강조하였고, 또 에티켓 핸디캡 점수 알아보기 표를 실었기 때문이다. 재미로 알아본 나의 골프 매너 점수는 95점으로 에티켓 '싱글'로 평가되어 다행이었다. 골프 매너를 주제로 글을 쓰면서 점수가 크게 모자라면 어떡하나, 하는 걱정을 한 것도 사실이다.

에티켓의 근본은 사랑이라고 강조하며 동호회 후배들에게 가끔 인용하는 말이 있다.

"……또 내가 남을 위하여 불 속에 뛰어든다 하더라도 사랑이 없으면 모두 아무 소용이 없다."

동반자에 대한 배려를 위해 사랑의 안경을 쓰고 바라보면 올바른 골프 매너가 훨씬 잘 이해된다. 오늘은 점(위치) 선(플레이어의 동선) 그리고 시점(Timing)의 세 가지 매너에 대해 알아본다.

| 위치 선정을 잘 하자

| 전방의 철책선이나 군부대 정문에는 보초가 지킨다. 교통 경찰이 혼잡지역 교통 정리를 할 때에도 근무하는 정위치가 있듯이 골프장에서 라운드할 때에도 바른 위치가 있다. 골프 규칙 제1장 에티켓 편의 다른 플레이어에 대한 배려 항목에 보면 '플레이어가 볼에 어드레스하거나 볼을 치고 있는 동안은 누구도 움직이거나, 말을 하거나, 볼 또는 홀의 근처나 바로 뒤에 서서는 안 된다' 라고 규정되어 있다.

갤러리로 참가하거나 텔레비전으로 프로들의 경기를 볼 때, 프로들이 다른 플레이어가 어드레스할 때에 어디에 서 있는가를 눈여겨 봐야 한다. 바로 그 위치가 동반자들을 배려하기 위해 서 있어야 하는 위치이다. 나는 많은 골프 후배들로부터 "오늘 하루 잘 가르쳐 주세요"라는 부탁을 받는다. 그때마다 "오늘은 18홀 내내 제가 서 있는 곳에 같이 서 계세요"라고 화답하며 강조한다.

| 골프장에도 다니는 길이 있다

| 넓은 바다에는 배가 다니는 길이 있고 끝없이 펼쳐진 하늘에도 비행기가 다니는 길이 있다. 아무리 넓다지만 골프장에도 플레이어가 다녀야 하는 길이 있다. 요즈음은 거실 소파에서 텔레비전을 많이 보겠지만 2~30년 전에는 안방에서 어른들과 함께 텔레비전을 보았다.

그 시절엔 아무리 급해도 절대로 어른들 앞을 지나가는 것이 허락되지 않았다. 꼭 어른들의 등 뒤로 돌아다녀야 했다.

골프를 칠 때에는 플레이어가 프리샷 루틴을 시작하는데 무심코 그 앞을 지나가는 동반자들을 흔히 보게 된다. 심한 경우 그린 근처나 또는 그린 위에서도 플레이어와 홀 사이를 거침없이 지나가는 사례를 자주 본다. 몇 걸음 더 걷더라도 준비하고 있는 플레이어의 앞을 지나가는 무례는 피하는 것이 좋다. 특히 그린에서 볼과 홀을 연결하는 퍼트의 선만큼은 절대로 침범하지 않는 것이 예의이다.

타이밍을 잘 지키자

내가 속한 예닯골 동호회에 필명이 kodia라는 회원이 있다. 나이 50에도 젊고 준수한 용모를 가진 그는 골프장 안과 밖에서 모두 매너가 좋기로 소문났다. 얼마 전 자랑스러운 중소기업인상을 수상하였을 때 우리 회원들은 "그가 받아 마땅하다"고 이야기할 정도로 평이 좋은 사람이다. 그런데 정기 모임에서 한 조로 함께 라운드할 때 그의 좋은 매너 때문에 나는 한 타를 손해 본 적이 있었다.

단체전 니어리스트상이 걸려 있는 파 3홀에서 아너인 내 볼은 약간 짧아 그린 좌전방에 홀로부터 12야드쯤 떨어져 있었다. 그는 티샷이 오른쪽으로 가서 약 20야드쯤 되는 어프로치를 먼저 하였고, 그의 볼은 내 플레이 선 오른쪽에 멈추었다. 내가 어프로치 샷을 위해 어드레스했을 때 그가 "잠깐만이요. 볼 마크하겠습니다" 하면서 그가 시야에 들어왔고 나는 주춤하면서 샷의 타이밍을 놓쳤다. 뒷조가 티잉 그라운드에 있는 상황이라 프리샷 루틴을 다시 하지 못하고 그냥 샷을 할 수밖에 없었고, 어프로치는 크게 실수가 되어 결국 파 세이브를 하지 못했다.

　동반자의 어프로치를 위해 볼 마크하는 것은 좋은 매너이지만, 그 타이밍이 매우 중요하다. 둘이 같이 벙커에 빠졌을 때에도, 언제나 동반자가 편안히 샷을 마친 후에 고무래로 벙커 지면을 고르는 것이 타이밍을 잘 지키는 예의이다.

주는 만큼 받는 골프 인과응보

남에게 대접을 받고자 하는 대로 너희도 남을 대접하라. 남에게 은덕을 베풀어야 풍부해지고 남을 대접해야 저도 대접을 받는다.

비단 성경이 아니더라도 초등학교 도덕 책에서조차 아주 쉽게 찾아 볼 수 있는 말이다.

골프 규칙은 제1장이 에티켓(Etiquette), 코스에서의 예의(Courtesy on the course)로 시작된다. 안전과 함께 강조되는 것이 예의이며, 다른 플레이어에 대한 배려 못지않게 중요한 것이 캐디에 대한 배려이다. 예외야 있겠지만 대체로 내기에 강하거나 핸디캡이 낮은 플레이어들이 캐디를 잘 대해 준다. '캐디는 선수하기 나름' 이라는 말이 있고, 고수는 캐디에게 한두 마디 칭찬을 하며 티오프한다. 철저히 자신의 도우미로 만들려는 것이다.

나는 통상 이렇게 말한다.

"골프장에서 신경 써 주었나 봐요. 이 골프장에서 두 번째로 예쁜 캐디를 우리 팀에 보내주셨네. 오늘은 왠지 볼이 잘 맞을 것 같은데 우리 열심히 해 봐요."

절대로 서먹서먹한 분위기에서 티샷을 하지 않고, 언제나 캐디들의 화답과 즐거움 속에서 플레이를 시작한다.

캐디에게 마커(동전) 던지지 마세요

캐디가 정성스레 마크를 해 주었는데 공을 놓고 그 마커(동전)를 휙 집어던지는 것을 보면 짜증이 난다. 그것도 캐디 발 앞에 던지면 보는 사람도 화나는 데 캐디는 얼마나 서럽겠는가? PGA시합 때에 선수가 자기 볼을 마크하고 닦아달라고 전속 캐디에게 던지는 것과는 차이가 많다. 그것은 자기 캐디의 동선을 줄여 주고 시간을 세이브하기 위한 것으로 상대를 무시하는 행위가 아니다. 문화가 다른 우리나라에서는 캐디가 마크한 동전을 가지고 있다가 나중에 돌려주는 것이 좋다. 마커를 던지면 당신의 인격도 던져진다고 생각하라.

칭찬하는 입, 원망하는 주둥아리

예닮골 동호회에서 뽑은 꼴불견 매너의 한 예화이다.

"캐디가 놓아주는 퍼트 라인은 참고만 해야지, 다음과 같은 상황은 아름다운 모습이 아니더군요. '언니야, 이거 잘 놓은 거야? 좀더 봐야 할 것 같은데……' 툭~ 조용~(확신 없이 친 공은 안 들어간

다) '거봐, 내가 뭐랬어? 언니 땜에 파 놓쳤잖아! #@%& 구시렁구시렁' 분명 그 골프장의 캐디가 보는 퍼트 라인이 비회원보다 정확할 겁니다. 하지만 헷갈릴 경우에 한해서 왼쪽인지 오른쪽인지, 오르막인지 내리막인지를 확인하는 것으로 충분합니다. 결국 판단은 본인이 해야 하고 스트로크는 어느 정도 강도로 하느냐, 굴리느냐 때리느냐에 따라서 공 한두 개, 컵 한두 개는 쉽게 차이가 납니다. 퍼팅 전부터 캐디가 봐준 라인에 시비를 거는 것은 실패에 대비한 핑계를 준비하는 게 아닐까요? 캐디의 퍼트 라인은 참고만 합시다. 아니면 100% 신뢰하고 퍼팅합시다. 실패할 경우, 퍼터 면의 정렬은 스퀘어로 했는지, 밀거나 당기지는 않았는지, 너무 세거나 약하지는 않았는지 자신을 돌아봅시다. 캐디는 핑계가 되지 않습니다. 캐디 핑계 대는 고수는 없습니다."

나는 후배들을 지도할 때 퍼트시 필히 볼을 직접 놓도록 시킨다. 그래야 실수를 하더라도 퍼트 라인을 잘못 보았는지, 아니면 잘못 친 것인지 식별이 되고, 또 그 경험을 통해 퍼팅 실력이 늘기 때문이다.

치사한 주문, "캐디 언니! 하나만 더 칠께 후딱~"

어느 동호회 게시판에 실린 예화다.

"엊그제 라운드 때 우리 조에서 젤 잘 치는 선배 한 분 이야기다. 평소에 그는 거침없는 불도저형 돈키호테 스타일이다. 전반 마지막 홀에서 내가 티샷할 때 자기 직원에게 핸폰으로 야단치는 바람에 분위기 험악해지고 나는 여지없이 쪼루를 내야만 했던 바로 그 장본인이다. 7번째 홀 파 3. 아녀였던 그 선배의 티샷이 벙커로 빠졌다. 나의 티샷은 탄도가 낮아 그린을 가리고 있던 나무들 사이로 날아갔으나 운이 좋게도 뚫고 나와 핀대 옆에 붙었다. 이에 자극을 받았는지 그 선배는 캐디에게 "나 하나만 후딱 칠게." "안 돼요, 사장님! 뒷팀이 벌써 다 와 있는데……" 캐디의 만류에도 불구하고 "안 되는 게 어딨어. 후딱 칠게~" 모두 티샷을 끝내고 그린으로 걸어가려는 데 그 선배는 잽싸게 티를 꽂고 연습 스윙도 없이 빨리 휘두른다. 쪼루다. 티박스 앞으로 맥없이 쪼루루루루~~. 그렇게 한번 더 치면 뭐가 달라지나? 토핑한 볼을 줍기 위해 달려가는 그 선배의 뒷모습이 무척 초라해 보였다."

캐디를 구박하면 악순환이 되고, 캐디를 아껴주면 선순환이 되어 플레이어 본인에게 득이 된다.

던지고 되받는 캐디 부메랑

인생은 부메랑이라고 한다. 자신이 던진 것을 되돌려받게 되어 있기 때문이다. 심은 것을 거두게 되어 있고, 남에게 베풀기를 좋아하는 사람은 부유해지고 남에게 마실 물을 주면 자신도 갈증을 면한다.

  대한민국의 골프장 99%는 캐디가 있다. 많은 골퍼들은 어떤 캐디를 만나느냐가 어떤 코스에서 치느냐보다 더 중요하다고 이야기한다. 그만큼 약 5시간 함께 지내는 캐디는 그 날의 동반자보다 더 중요한 인물이기도 하다. 보다 성숙하고 즐거운 라운드를 위하여 또 내가 좋은 대접을 받기 위하여 골퍼들이 먼저 호의를 베풀고 예의를 갖추며 한 살이라도 많은 어른으로서 내리사랑하기를 권한다.

캐디 봉사료는 봉투에 담아 감사를 표하자

예닮골 동호회에 가입한 후에 좋은 습관 하나를 확실히 배웠다. 캐디피는 '감사합니다' 라고 적은 봉투에 넣어서 미리 준비하였다가 라운드가 끝나면 한두 마디의 덕담을 하면서 건넨다. 부산 제일여성병원 하원장의 제의로 우리 동호회에서는 정착화된 캠페인이다.

어느 날 캐디에게서 들은 이야기이다.

"네 분이 내기하며 홀마다 돈을 주고 받다가 18홀 그린 주변에서 꼬기꼬기 접은 땀 묻은 돈을 주머니에서 꺼내고 네가 한 장 더 내라, 내가 땄으니 한 장 더 낸다 하면서 캐디피를 주실 때에 가끔 내 자신이 이것밖에 되지 않나 하는 생각에 서글퍼지기도 해요. 그런데 오늘 봉투에 미리 넣어서 주시는 봉사료를 받고 보니, 라운드 도중에 더 열심히 했어야 하는데 하며 부끄러워지네요."

나는 그 말을 들은 후에는 어떠한 경우라도 캐디가 보는 앞에서 돈을 걷지 않는다. 준비된 사람이 봉투에 넣어 먼저 지불하고 클럽하우스에 들어가서 주고받기로 한다.

캐디는 만능도 전속비서도 아니다

대다수의 골프장은 1캐디 4백 시스템이다. 플레이어로서 바라볼 때와는 달리 캐디라는 직업이 그리 녹녹치 않은 일이라는 것을 확실히 알게 되었다. 골프장 사장으로 취임을 한 후 나는 캐디들의 서비스와 입장을 이해하기 위해 새벽 시간에 실제로 보조 캐디로 실습을 여러 차례하였다. 많은 골퍼들은 1홀 티샷 직후에 캐디들이 네 사람의 구질, 거리 등을 정확히 파악하여 서브할 것을 기대하지만, 동양

화 난초를 치는 것 같은 골퍼들의 슬라이스, 훅, 토핑, 러프행 볼을 놓치지 않는 것만도 대단히 어려운 일이다.

게다가 좌우를 가리지 않고 쏴대는 기관총 초보 타자가 두 사람만 있으면, 등판에 식은땀이 흐를 정도로 힘들고 긴장이 된다. 그런데 어느 품위 있는 골퍼들은 티샷을 산중턱에 보내 놓고는 그곳까지 맨손으로 행차하신 후, 멀리 있는 캐디에게 클럽을 가져오라고 소리치기도 한다. '손님은 왕'이니 고무신 탄 냄새가 나도록 열심히 뛰어가 시킨 대로 클럽을 배달하지만, 그 동안 나머지 세 손님에게는 부득이나 몰라라 하게 되는 꼴이다. 또한 그린 위에서 1미터도 안 되는 아주 짧은 퍼트를 남겨 놓고도 그 볼을 캐디가 놔주어야 직성이 풀리는 고약한 황제 골퍼들도 적지 않다.

캐디를 인격적으로 대하기 위해서는 물론, 동반자들에게 결례를 하지 않기 위해서라도 자신이 할 수 있는 일은 자기가 직접 하는 것이 좋다. 클럽도 적당히 빼서 직접 가지고 가고, 그린에서 웬만하면 퍼트 전에 볼은 자기가 놓는 것이 팀 전체를 위한 성숙한 골프를 하는 방법이다.

캐디에게 도움 주고받기를 정한다

라운드를 시작하기 전에 대개 나는 캐디에게 동반자 중에서 가장 신경을 써주어야 할 사람을 알려준다. 때로는 가장 초보자일 때도 있고, 또 때로는 중요한 고객일 때도 있다. 또한 핀을 잡아주는 행위를 비롯해 진행에 대하여 적극 협조를 해 준다. 캐디 입장에서는 보조캐디를 하나 임명한 셈이 된다. 그 대신 내가 퍼팅을 하거나 그린 주변에서 숏게임을 할 때에 집중이 깨지지 않도록 플레이의 선이나 퍼트의 선은 확실히 비켜줄 것을 요청한다. 대체적으로 캐디들은 나의 도움에 보답하는 뜻으로 나의 플레이가 쾌적하게 될 수 있도록 최선을 다해 준다. 그래서 언제나 좋은 모습으로 골프장을 떠나게 된다.

좋은 골퍼, 좋은 갤러리

10여 년 전만 해도 국내에서 열리는 거의 모든 골프 시합은 입장료가 없었다. 그러나 요즘은 거의 모든 시합에 입장권을 구입해야 할 정도로 갤러리의 숫자가 늘었다. 더구나 외국에서 활약하는 국내외 유명 선수가 참가를 하면 기천명이 갤러리로 그들을 따라 다닌다. 사실 과거의 관전 태도에 비하면 지금은 갤러리의 에티켓 수준이 무척 높아졌지만, 아직도 이따금 눈살을 찌푸리게 하는 장면들이 보인다. 선수들이 방해받지 않고 좋은 플레이를 할 수 있도록 성숙한 관전 태도가 필요하다.

갤러리는 사진 기자가 아니다

얼마 전 국내 시합에 참가하였던 최경주 선수가 방송국에서 인터뷰할 때, "샷을 하려는데 갑자기 오리떼가 지나가는 소리가 들렸어요"라고 갤러리들의 핸드폰 카메라 촬영이 방해가 된다는 사실을 재미있게 표현하기도 했다. 이것은 PGA시합에서는 좀처럼 볼 수 없는 장면이다. PGA시합에서 사진 기자가 아닌 갤러리들이 선수들에게 카메라를 들이대는 장면을 본 사람은 거의 없으리라고 본다.

몇 달 전에 한국 선수를 포함해 LPGA 상위랭커 몇 명이 국내에서 시합을 하였을 때, 관전차 따라 다닌 적이 있었다. 한 외국 선수가 퍼팅 어드레스에 들어갔는데, 갑자기 "스마일" 하면서 핸드폰의 카메라 작동 소리가 들렸다. 옆에 있던 내가 얼굴이 화끈거려 혼이 났다. 그런 무례한 갤러리를 향하여 스마일 미소를 지을 수 있는 선수들이 과연 몇이나 있을까? 갤러리인 나조차도 그 '스마일' 소리에 화가 났는데…… 작년에 한국에서 플레이를 하였던 다혈질 가르시아는 갤러리에게 골프채를 휘두르는 시늉을 하여 구설수에 오르기도 했지만, 선수들을 탓하기에 앞서 갤러리도 예절을 지켜야 한다.

음악회에서도 팝콘을 먹는가?

요즈음은 콘서트에 가면 아주 정숙한 분위기에서 좋은 음악을 즐길 수 있는 분위기가 정착되었다. 콘서트 못지 않게 골프 갤러리에게도 정숙한 관전태도가 요구된다. 그래서 진행 요원들이 〔조용히〕라는 피켓을 들고 쫓아다닌다. 물론 모든 갤러리들이 피크닉에 온 것처럼 즐거운 마음으로 관전을 하는 것에 대하여 이의는 없다. 골프장의 그늘집은 시설도 부족하고 또 턱없이 비싼데 갤러리까지 이용을 할 명분도 이유도 없다. 그래서 나도 때로는 가족들과 소풍을 온 기분으로, 김밥에 음료수에 바리바리 싸서 배낭에 넣고 운동 겸 산책삼아

풀밭을 걷는다.

때가 되어 김밥을 꺼내 먹을 때 적어도 플레이어로부터 약 100야 드는 떨어져서 어떤 경우라도 선수들에게 잡음으로 방해를 하지는 않는다. 모든 음식물은 은박지 위주로 포장했기에 절대로 부스럭거리는 소리가 나지 않도록 한다. 그린 주변에 앉아서 부스럭거리는 소리를 내며 비닐 포장을 뜯는 갤러리들을 보면 과연 그들이 한 타의 소중함과 또 골프에서 플레이의 흐름을 이해하는지 의심이 간다. 물론 정말 초보자라서 아무것도 모르기에 하는 실수로 봐줄 수도 있지만, 그것이 음악회 도중에 팝콘을 꺼내 먹는 행위와 무엇이 다르겠는가?

갤러리는 길 잃은 양떼인가?

골프는 특히 그린에서의 퍼팅은 고도의 집중이 필요하다. 우승자들의 인터뷰를 들으면 많은 선수들이 퍼팅이 잘 되어서 우승을 할 수 있게 되었다고 말한다. 그만큼 퍼팅이 중요한데, 그 퍼팅은 집중이 깨지면 곧 실수로 이어지고 게임의 흐름이 순식간에 바뀌어 버리게 된다. 그래서 갤러리들은 그린 주변에서 더욱 정숙하고 통제에 잘 따라 주어야 한다. 그런데 유명 선수들이 퍼팅을 마치면, 갤러리들이 갑자기 다음 홀로 우르르 몰려가는 장면을 쉽게 볼 수 있다. 좋아하는 선수의 티샷을 보기 위해서라지만, 숏퍼트를 남기고 있는 다른 선수에게는 엄청난 방해이다.

금년 여름 X캔버스 시합에서 우승한 줄리 잉스터 선수가 자기의 퍼팅을 마치고 그린 주변에서 다른 선수의 퍼팅을 지켜보고 있는 가운데, 잉스터 선수와 함께 온 전속 캐디가 갤러리들에게 움직이지 말아달라는 사인을 보내는 것을 보고, 성숙한 매너에 아주 좋은 인상을 갖게 되었다.

매너를 지켜야 진짜 승리

대학 골프 동호회 총무인 L과 식사를 하면서, 골프 매너에 관하여 폭넓게 이야기를 나눈 적이 있었다. 핸디캡 5인 그의 골프 매너는 엄격하리만치 완벽한 편인데, 내가 '성숙한 골프를 합시다' 라는 컬럼은 많은 주제를 다루었으니 이제 곧 종료하게 된다고 이야기하자, 그는 몹시 아쉬워하면서 골퍼들에게 도움이 되니 쓸 수 있을 때까지 한 편이라도 더 쓰는 것이 좋겠다고 권했다. 그의 의견은 골퍼들의 골프 실력에 매너 수준이 따라가지 못한다는 생각 때문에 나온 말이었다. 그와 나눈 소재를 중심으로 이야기하고자 한다.

배꼽 나왔네요

재작년 제주 나인브릿지 시합에서 신데렐라로 탄생한 여자 프로 A

가 배꼽을 보여주더니, 이제는 젊은 여자 프로들은 너도나도 경쟁이라도 하듯이 배꼽을 보여주는 옷차림이다. 처음에는 그리 마땅치 않더니 자꾸 봐서인지 이제는 별로 어색함이 없을 뿐더러 때로는 오히려 신선한 감도 준다. 그런데 그렇게 보여주는 예쁜 배꼽과는 달리 보기에 거북하고 마음 불편한 배꼽이 눈에 들어온다.

구력 20년의 K부인은 전형적인 명랑 골퍼이다. 거리가 짧은 편도 아닌데, 욕심 때문인지 언제나 한 발자국 정도는 티마크 구역 앞에서 티를 꽂고 플레이를 한다. 평소에 인품이 좋기로 소문이 났고 동반자들과 화기애애한 분위기를 잘 만들어서인지 아무도 시비를 걸지 않는다. 나와 라운드를 할 때, K부인은 "매너에 대하여 잘 아시니 잘못된 것을 좀 알려주세요. 제가 친구들과 막 배운 골프라서……" 하고 이야기하였다. 다음 홀 티잉 그라운드에서 "사모님 배꼽이 나왔네요" 하고 웃으면서 이야기를 하였더니 K부인은 화들짝 놀라서 자기의 배를 내려다보았다. 그리고 나중에 무슨 이야기인 줄 알아차리고 앞으로는 티 구역 앞으로 나가서 치는 습관을 고치겠다며 고맙다고 하였다.

C는 꼭 10센티 정도 티 구역 앞으로 나가서 티업을 한다. 한 번은 그의 동창생들이 C의 버릇을 고치기 위해 모의를 하였다. C가 스킨스 게임을 하던 중 어느 파 4홀에서 파를 하고 기뻐하였을 때 동창생들은 모두 보기라고 주장하였다. C가 티 구역 밖에서 티샷을 하였으니, 벗어난 배꼽거리만큼 성공한 마지막 퍼팅에서 뒤로 빼야 한다는 것이었다. 아니면 2벌타를 추가해야 한다고 하자, C는 한 타를 더하는 것에 동의를 하였다. 그 날 이후 C는 1미터쯤 티마크보다 뒤로 빼

서 그 대신 아주 평평하고 좋은 자리를 찾아서 티업하는 습관이 생겼다.

헛스윙도 1타

치려는 의도가 있었다면 설사 헛스윙을 하였어도 그것은 1타라는 것을 골퍼들은 다 알고 있다. 그러나 아마추어들의 친선 라운드에서는 왕왕 눈감아 주는 아량을 베푼다.

내기를 즐기는 M은 핸디 11로 언제나 도전적이며 공격적으로 볼을 친다. 지난 홀에서 아주 짧은 퍼팅을 실수해 다 잡았던 스킨을 놓친 그는 마음이 격한 상태로 티샷을 헛스윙하고 말았다. 그런데 아무 일도 없었던 것처럼 그는 다시 티샷을 했고 다음 샷을 온그린시켰다. 그리고 투 퍼트로 마무리하였다. 한편 M의 행동에 기분이 언짢았는지 동반자들은 모두 실수를 하여 보기를 하는데 급급하였다. M이 의기양양하게 "스킨은 내 것이다"라고 이야기하자, 평소 말이 없던 P가 조용히 한마디했다.

"이 홀은 비겼네. 자네가 한 헛스윙이 실제 스윙인 것은 자네도 알고 우리도 알고 하나님도 알고 계시네. 자네가 꼭 스킨을 가져간다면 주겠네. 그러나 그것이 우리가 함께 하는 마지막 골프일세."

당황한 M이 놀라서 "아니 아마추어끼리 그럴 수가 있는가?"라고 답하였다.

그러자 다른 친구들이 나서며 "자네가 늘 룰을 잘 지켜야 한다며 인색하게 굴지 않았는가?"라고 했다.

헛스윙은 티잉 그라운드 이외에 비탈진 곳이나 러프 같은 곳에서 왕왕 발생한다. 그럴 때 친선 라운드에서 동반자의 사기 진작을 위해 헛스윙한 것을 카운트하지 않는 것은 그런대로 미덕이라고 볼 수 있다. 그러나 그것은 동반자들이 호의로 노카운트 선언을 해 줄 때에나 해당된다. 단체 팀에서 경기를 할 때에는 물론, 사적인 내기를 하는 경우에도 헛스윙을 한 후에 스스로 연습스윙처럼 카운트를 하지 않는 것은 비신사적인 행동이다. 1타의 차이로 갈리는 골프 경기에서 그 차이로 시상을 받지 못하거나 내기에서 상금을 잃게 되면 친선라운드가 고통의 라운드가 되기 때문이다.

협력해서 선을 이루는 골프

얼마 전 지하철 난간에서 떨어진 어린 아이를 반대편 승강장에서 본 고등학생이 쏜살같이 달려들어 그 생명을 구했다. 국민 모두가 감동받은 아름다운 미담이었다. 몇 번이고 구출 장면을 보면서 '네 이웃을 네 몸과 같이 사랑하여라'는 세상에서 으뜸가는 계명의 실천이라고 생각했다.

요즈음은 훨씬 덜 하지만, 골퍼들은 대중으로부터 지탄을 많이 받았다. 온 국민이 어려웠던 IMF시절 LPGA에서 박세리 선수 등이 우승소식을 전해올 때 온 국민이 기뻐하고 칭찬을 하면서도, 골프를 흔히 배부른 자들의 유희쯤으로 여기고, 언론에서도 툭하면 사회 인사들이 골프 친 것에 시비를 건다거나 일부 도박꾼의 행위로 모든 골퍼들을 매도하는 등, 골퍼들을 바라보는 시각이 곱지 않았던 것이 사실이다. 이제는 골퍼들이 적극적으로 이웃사랑을 실천하는 성숙한 모습을 보여줄 때가 되었다.

▎아름다운 자선 경기, 나눔의 사랑

PGA나 LPGA에서 유명 선수들이 스킨즈 대회에 참가해서 취득한 상금을 지정된 기관에 기부하는 모습은 참으로 보기에 아름답다. 우리나라처럼 프로 대회 숫자를 채우기에도 허덕이는 현실에서 보면 아직은 꿈 같은 이야기일지는 모르지만, 그럼에도 불구하고 이제는 이웃사랑의 성숙한 모습을 보일 때가 되었다.

얼마 전 국내 최대 규모 퍼블릭 코스 스카이 72골프장의 그랜드 오픈을 기념하는 자선 골프 행사가 있었는데, 이 날 하루에 약 7억원이나 되는 기금이 모금되었다고 한다. 명문이라 자처하는 어느 골프장

에서도 과거 이런 자선 행사는 없었다. 그 기사를 접하면서 '돈 많은 자들이 자기들끼리 즐기는 유희'라고 비난받던 것에서, '룰과 에티켓을 중시하는 신사숙녀의 스포츠로 이웃을 아끼는 나눔의 골프'로 변신하는 신호탄을 쏜 것 같아서 무척 기뻤다.

사실 그 동안 불우이웃돕기 골프대회나 종교방송국 주최 자선골프대회 그리고 대학 또는 고교 동문회의 장학기금 모금과 같은 소규모 행사가 없었던 것은 아니지만, 이제는 보고 즐기는 골프에서 이웃사랑을 실천하는 나눔의 골프로 한층 업그레이드시켜야 할 때가 되었다. 그래야 대중들로부터 골프가 사랑받고 그 결과 더 많은 대회가 생기고 그 바탕에서 훌륭한 선수가 더 배출될 수 있는 토양이 마련될 수 있기 때문이다.

수년 전 수마가 할퀸 강원도 지방 수해복구기금을 선뜻 내놓은 최경주 선수가 얼마 전 귀국을 하였을 때 바쁜 일정을 쪼개 자선기금을 위한 대회에 앞장을 선 것이나, 프로로 전향하는 날 기자 회견 때에 뉴올리안즈 수재민 돕기로 50만 불을 쾌척한 미셸 위의 나눔은 골프 선수로서 참으로 아름답고 성숙한 모습이다.

사랑의 버디 값

내가 속한 동호회 예닮골에서는 오래 전부터 사랑의 버디 기금을 모으고 있다. 그뿐 아니라 정기 모임에서 A, B팀으로 나뉘어 팀별 매치를 하고 진팀은 불우이웃돕기기금을 낸다. 진팀의 멤버들은 비록 경기에는 졌지만 이웃을 돕는 기금을 냈다는 마음에 조그만 보람을 느끼며 기쁜 마음으로 다음을 기약한다. 또한 모임에서 홀인원, 이글, 첫 싱글 스코어 같은 의미 있는 기록이 생기면 공식 기념패를 만들어 주는데, 그 당사자는 보답으로 적정 규모의 자선기금을 쾌척한다. 이렇게 차곡차곡 쌓인 금액은 소년소녀 가장돕기 등 가난한 이웃을 위하여 소중히 쓰여진다. 물론 그 아이들이 어떻게 생활하고 성장하는지 관심과 사랑으로 지켜보는 일도 병행한다.

십시일반(十匙一飯)이라는 말이 있다. 혼자서는 벅차고 겸연쩍고 또 꾸준히 하기 힘들지만 뜻을 같이하는 골퍼들이 모여서 협력하면 단순한 교제와 즐김의 골프에서, 이웃사랑과 아름다운 나눔의 스포츠로 변화된다. 요즈음 많은 동호회에서 이런 움직임이 일어나고 있는데 참 기쁜 소식이다. 골프는 협력해서 선(善)을 이루기에 참으로 좋은 스포츠요 매개체다. 그래서 나는 골프를 더욱 사랑한다.

제5부

필수 숏게임의 비법

– KPGA 김병곤 프로

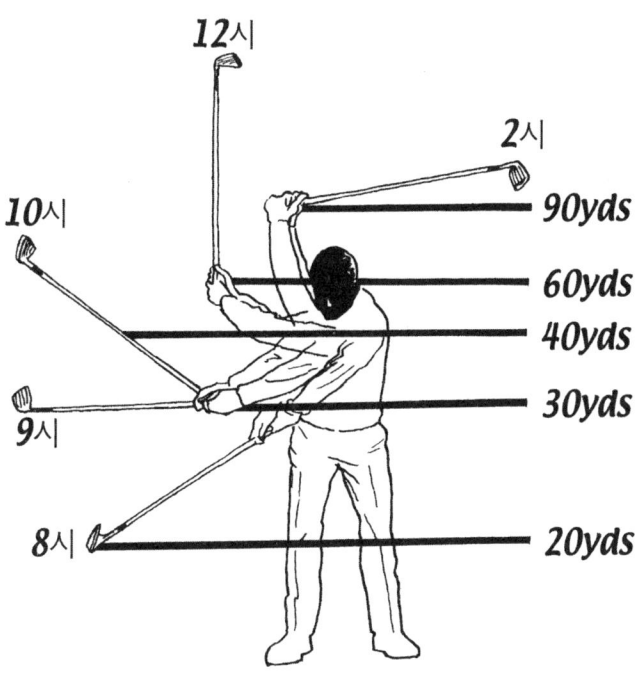

퍼팅

조사에 의하면 골퍼들이 플레이하는 총 타수의 43퍼센트가 퍼팅 스트로크라고 한다. 퍼팅이 골프 스코어를 좌우한다고 해도 과언은 아니다. 설사 프로 골퍼라 할지라도 퍼팅의 중요성을 잠시라도 망각한다는 것은 결코 있을 수 없는 일이다. 골프는 풀스윙을 하는 것만큼 퍼팅을 많이 한다. 결국 퍼팅이 게임의 반 가량을 차지한다면 연습 시간도 그만큼을 할애해야 한다. 그리고 퍼팅은 반복적으로 연습하는 것이 좋다. 왜냐하면 그린 위에서 퍼팅 스트로크는 기계처럼 정교해야 하기 때문이다. 조금이라도 어긋난 스트로크를 하면 공은 곧 제 라인을 벗어나 홀에서 멀어질 것이고 그것은 또 한 타를 추가하기 때문이다.

일관된 스트로크를 하기 위해서는 일관된 어드레스를 하는 것이 좋다. 공은 몸 중앙에서 약간 왼쪽에 위치한다. 정면에서 볼 때 공과 왼손과 왼쪽 귀가 일자로 이어지도록 하는 것이 안정된 어드레스이다. 시선은 공 위를 정확히 내려보고 목과 어깨에는 힘을 뺀다. 등과 허리를 최대한 펴고 양발을 어깨 넓이로 벌린다. 처음 이 자세를 시도한다면 허리와 목이 금세 피곤해질 수도 있지만 일단 익숙해진다면 오히려 허리에 오는 피로를 훨씬 줄일 수 있다. 그리고 왼발을 약간 뒤로 빼서 오픈하면 퍼터를 똑바르게 스트로크하기가 더욱 좋다.

어드레스가 익숙해졌다면 퍼팅 스트로크를 연습해 본다. 클럽헤드의 움직임은 굉장히 정직하다. 골퍼의 몸이 경직되고 손목의 불필요한 움직임이 많다면 클럽헤드는 궤도를 벗어나고 공은 엉뚱한 방향으로 굴러가게 된다. 어깨와 목을 최대한 편하게 하고 퍼터는 양손으로 부드럽게 잡는다. 양쪽 겨드랑이를 붙이고 어깨와 손으로 이어지는 삼각형을 그대로 유지한 채 보내고자 하는 방향으로 부드럽게 스트로크한다. 이때 손목이 심하게 흔들리거나 뻣뻣해지지 않도록 유의한다. 손목은 몸과 퍼터를 하나로 이어주는 관절이기 때문에 부드러움을 유지해야 한다.

일관된 자세와 일관된 스트로크를 할 수 있다면 이제 직접 공을 홀에 홀인시키는 연습을 해 본다. 공을 똑바로 쳐서 홀컵에 홀인시키는 것은 말처럼 그렇게 쉽지 않다. 공이 홀에 들어가려면 그린의 경사를 정확히 읽어야 하고 공의 속도를 정확히 측정해야 한다. 이 두 가지가 정확히 일치하였을 때 공은 홀에 빨려 들어간다.

그린의 경사를 읽는 것과 공의 속도를 측정하는 일은 많은 경험과 창조적인 상상력이 필요하다. 가장 먼저 공과 홀의 거리를 계산한다. 가끔 감각이 매우 뛰어나 눈으로 거리를 계산하는 사람이 있지만 대다수의 프로들도 보폭으로 거리를 재는 방법을 오래 전부터 이용하고 있다.

이 방법을 이용하기 위해서는 자신의 보폭을 알아두는 것이 필수이다. 공과 홀의 거리를 파악하였다면 공과 홀 중 낮은 쪽으로 먼저 가서 경사를 파악한다. 낮은 쪽에서 먼저 그린 경사를 살피는 이유는 오르막 경사를 보는 것이 내리막 경사를 보는 것보다 착시가 심하지 않기 때문이다. 그린의 경사와 거리에 대한 정보를 얻었다면 공의 로고나 글자를 퍼트의 선 방향으로 맞추어 놓고, 공 뒤에 서서 연습 스트로크를 해 보면서 차분하게 공이 굴러갈 방향과 속도를 상상해 본다. 자신이 정한 방향과 속도에 대해 확신이 생길 때에 어드레스를 하고 퍼트 목표 방향을 한번 점검한 후 지체 없이 또 자신 있게 스트로크한다.

● 필수 숏 게임의 비법 2 ●

어프로치

어프로치에 있어서 가장 결정적인 요소는 감각이다. 어느 위치에 어떤 탄도로 떨어트리면 얼마나 굴러가는지 아는 것이다. 똑같은 스윙을 하더라고 사용한 클럽의 각도나 그린의 강도, 습기, 그린의 경사, 바람에 따라 그 거리는 달라진다. 결과에 영향을 주는 이런 모든 변수들을 계산하고 대처하는 것이 플레이어의 능력이고 어프로치의 묘미이다.

어프로치는 크게 세 가지로 나눌 수 있다. 피치 샷과 칩 샷 그리고 로브 샷이다.

피치 샷
어프로치의 가장 기본적인 샷으로써 풀스윙의 축소판이라고 보면 된다.

피치 샷 기법에는 몸의 회전과 이에 맞는 크기의 양팔과 손목의 부드러운 회전이 들어 있다. 아이언 샷과 마찬가지로 피치 샷도 클럽헤드가 다운블로우로 볼을 치게 되며, 항상 손목이 클럽헤드보다 앞서 가야 한다. 클럽의 그립은 내려잡을수록 정확한 임팩트를 할 수 있고 클럽헤드 속도를 천천히 할수록 일관성이 높아진다. 임팩트에 대한 일관성이 생겼다면 일정한 거리를 보낼 수 있도록 스윙을 컨트롤해야 한다. 꾸준한 연습을 통해 스윙의 길이(크기)에 따른 거리감을 느끼도록 한다. 예를 들자면 피칭웨지로 백스윙을 허리까지 올린 후 팔로우스루도 허리까지 한다면 공은 항상 30야드를 날아간다. 또한 백

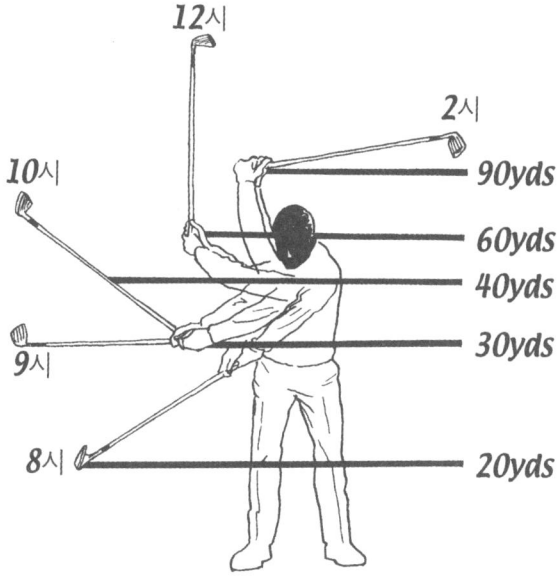

스윙시 샤프트가 8시를 가리키고 임팩트 후 팔로우스루 때 4시를 가리키게 한다면 20야드를 간다든지 하는 것같이 본인만의 일관적인 공식이 생겨나고 분명 피치 샷의 엄청난 발전이 있으리라고 여겨진다.

칩 샷

그린 주변에서 공을 짧게 떨어뜨려 홀로 굴려 보내는 어프로치로 일반적으로 피치 샷이나 로브 샷보다 성공확률이 훨씬 높다. 칩 샷을 할 때는 볼을 스탠스 중앙에서 약간 오른발 쪽에 놓고 클럽의 그립을 매우 내려잡는다. 양손의 위치는 볼보다 약간 왼쪽에 놓고 손목이 심하게 흔들리지 않도록 항상 견고하게 한다. 스탠스는 좁게 오픈 스탠스를 취하고 체중을 7:3 정도로 왼발에 둔다. 자세가 다 갖추어졌다면 클럽헤드를 천천히 테이크백하여 공을 낮게 굴려 본다. 시선은 항상 공이 있던 자리에 머무르고 다리와 어깨는 리듬을 타듯이 자연스럽게 돌려준다. 클럽헤드는 보내고자 하는 방향으로 밀어준다. 공은 아주 특별한 상황이 아니라면 언제나 그린에 먼저 떨어져야 한다. 떨어진 공은 일정한 비율로 굴러갈 것이고 이때 공의 움직임을 잘 파악하여 앞서 피치 샷에서 말했듯이 공식을 만들면 더욱 편리하다. 많은 골퍼들은 '12의 원칙'을 기준으로 하는데, 그것은 사용하는 클럽의 번호를 12에서 빼고 남은 만큼 굴러간다는 것으로 예를 들면 다음과 같다.

8번 아이언 칩 샷 : 12 − 8 = 4, 즉 1 날아가서 4 굴러 간다. (1:4)

피칭 웨지 (10번 아이언) 칩 샷 : 12 − 10 = 2 즉 1 날아가서 2 굴러

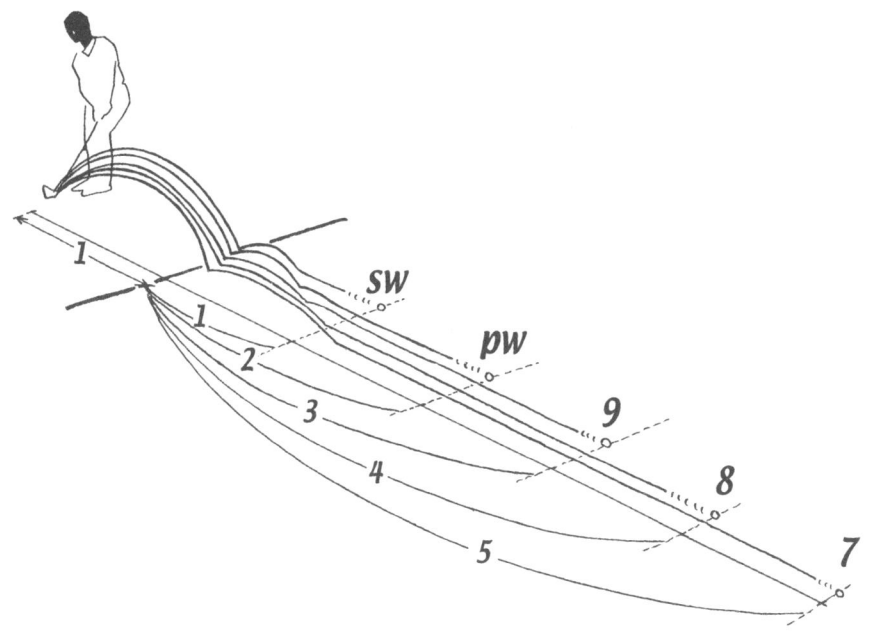

간다. (1:2)

로브 샷

공을 매우 높게 띄워서 그린에 안착시킨 후 바로 정지하도록 하는 매우 난이도 높은 샷이다. 프로나 상급자들도 로브 샷만큼은 매우 신중하게 검토한 후 꼭 필요한 상황에서만 한다. 로브 샷을 할 때에는 공의 라이와 잔디의 길이, 그라운드의 강도 등을 체크해야 하며 스윙의 크기와 클럽헤드의 각도까지 치밀하게 계산해야 한다. 클럽헤드를 원래 각도보다 눕히고 스탠스를 오픈한 후 길게 백스윙하여 공을 띄워야 하기 때문에 실수가 생길 확률이 높고 실수의 범위도 굉장히 크다.

로브 샷을 할 때에는 공을 몸 중앙에서 약간 왼쪽으로 놓고 양손은 평상시보다 몸 중앙에 놓는다. 클럽헤드를 열어놓은 상태에서 그립을 잡고 시선은 공의 뒤쪽을 본다. 그러면 자연스럽게 몸의 체중이 오른쪽으로 쏠리게 되며 공을 띄우기에 적합한 어드레스가 완성된다. 백스윙을 천천히 길게 하고 다운스윙은 클럽헤드의 무게를 느끼며 자신 있게 한다. 이때 몇 가지 주의할 것이 있다.

첫째, 공을 띄운다는 생각에 손목으로 공을 퍼올리는 경우가 있다. 이렇게 되면 리딩엣지(클럽의 아랫면)가 먼저 공에 도달하게 되고 공을 토핑하는 실수가 생길 수 있다.

둘째, 스윙이 길다 보니 다운스윙시 불안해서 헤드스피드를 감소시키는 경우가 있다.

이렇게 되면 공을 제대로 타격하지 못하고 터무니없이 짧게 떨어질 가능성이 많다. 그래서 다시 강조하지만 꼭 필요한 상황이 아니라면 로브 샷은 피하는 것이 좋고 만일 불가피하다면 자신 있게 스윙하여야 한다.

상황별 대처방법

심한 내리막 어프로치

국내에서 골프를 하다 보면 서 있기도 힘든 위치에 공이 떨어질 때가 간혹 나온다. 특히 그린을 지나가서 심한 내리막에 걸리는 경우가 가장 흔하다. 경사가 심하지 않은 내리막에서는 정상적인 어프로치를 할 수 있겠지만 심한 경사에서는 공을 띄워서 세울 수가 없다. 이럴 때에는 다른 플레이어들의 시선이나 프로들의 화려한 샷은 잊는 것이 점수를 관리하는 데에 큰 도움이 된다.

샌드웨지처럼 누워 있는 클럽은 포기하고 피칭웨지나 9번 아이언으로 칩 샷을 한다. 클럽은 최대한 짧게 잡는 것이 좋다. 가파른 경사에 백스윙을 하다가 혹시라도 경사에 클럽이 닿으면 정상적인 샷을 할 수가 없다. 짧고 간결하게 백스윙하여 공을 스위트스팟에 정확히 타격한다. 그린에 바로 떨어뜨리기보다는 엣지에 떨어뜨려 공의 속도를 감소시킨 후에 홀쪽으로 굴러가게 한다. 이런 방법이 훨씬 안전하고 실용적일 것이라 생각된다. 엣지가 무난한 경우 2번 바운스 후에 그린에 오른다면 적당한 속도로 굴러가서 홀에 근접시킬 수 있다.

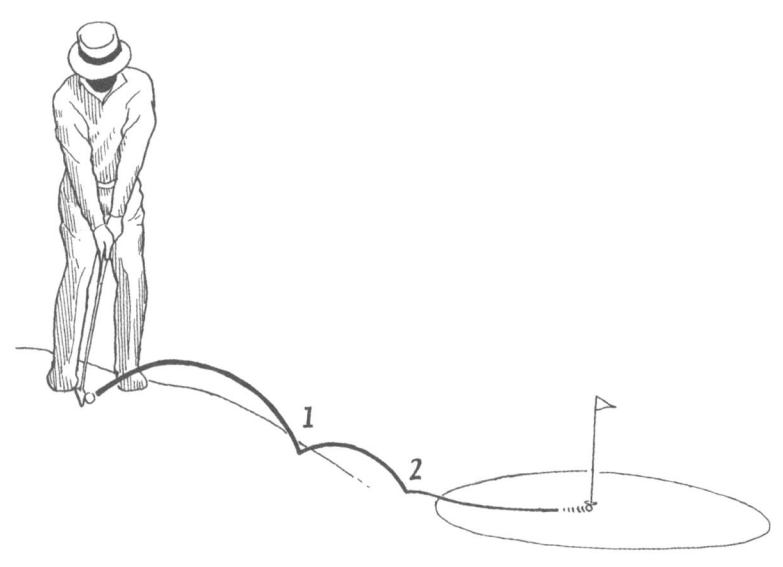

| **심한 오르막 어프로치**

심한 오르막에서 어프로치를 하다 보면 이상하게 공이 목표보다 왼쪽으로 가는 것을 느낄 수 있다. 왜냐하면 심한 경사 때문에 임팩트 후에 체중이동이 정상적으로 이뤄지지 않았기 때문인데 무리하게 왼쪽으로 체중을 보내기보다는 목표의 오른쪽을 겨냥하고 경사에 맞

게 스윙하는 것이 올바른 선택이다. 또 경사도 때문에 클럽페이스가 더 눕고 임팩트 후에 클럽이 땅에 박혀서 팔로우스루를 하지 못 할 수도 있다. 그렇게 되면 공은 평상시보다 더 뜰 것이고 목표지점에 도달하지 못 할 확률이 더 높다. 이럴 때에는 클럽을 한 클럽 정도 높은 것으로 20% 정도 더 길게 치도록 한다.

발끝 오르막과 발끝 내리막 어프로치

발끝 오르막에서 스윙의 궤도를 따라 클럽이 움직이다 보면 공이 클럽헤드에서 채 떠나기 전에 클럽헤드가 닫혀서 공이 왼쪽으로 가게 된다. 또 클럽을 정상적으로 잡게 되면 공을 두껍게 때리거나 허

리가 펴지면서 생크가 나기 쉽다. 이때에는 클럽을 그립 끝까지 내려 잡고 공을 몸 중앙에서 오른발 쪽에 놓는다. 공이 왼쪽으로 감길 것을 감안하여 목표의 오른쪽을 겨냥하고 짧고 견고한 스윙으로 공을 타격한다.

 발끝 내리막에서는 전과는 반대로 공이 오른쪽으로 밀릴 것을 감안하여 목표의 왼쪽을 겨냥하고 클럽은 정상적으로 잡고 스탠스를 넓게 벌리고 무릎도 넓게 벌려서 심한 경사에서도 안정되게 어드레스할 수 있도록 한다. 머리와 허리의 각을 잘 지탱해야 클럽헤드가 정확하게 공을 타격할 수 있다.

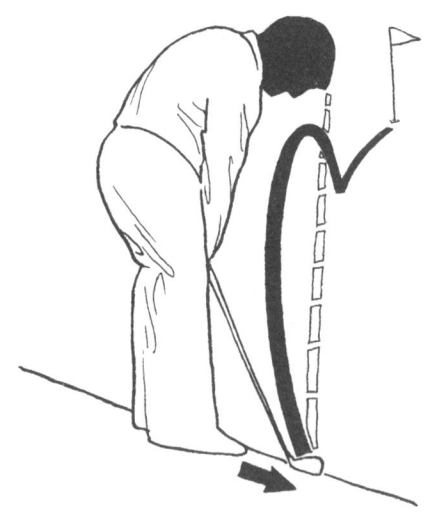

〈불우이웃돕기로 책을 구입해주신 고마운 분들〉

여러분들의 이웃사랑에 충심으로 감사드립니다.
2005년도 『당신은 이제 골프왕』 제1권의 책 판매수익금 1천만 원은 빈곤 가정의 어린이돕기와 학자금 등에 소중히 잘 쓰여졌습니다.
항상 건강 평안하시며 사랑과 축복이 넘치는 행복하고 귀한 승리의 삶 누리시길 축원합니다.

강성삼	김창희	박노철	송유신	이승남	전순정	
고 택	김철현	박동식	신영인	이오섭	전제모	
구성회	김충우	박명권	신원준	이용구	전태준	
구자준	김탁영	박삼하	신종업	이용수	정원호	
권혁관	김태진	박성서	신형식	이용희	정윤석	
김교준	김태형	박승병	양돈모	이재열	정홍식	
김규환	김혁수	박연진	오범영	이준형	조성남	
김근수	김홍년	박용주	오병주	이진택	조수연	
김동균	남궁영	박용진	오석원	이철재	조중현	
김범열	남명애	박원규	오성천	이향근	주선태	
김병태	남행래	박종민	원동원	임동초	차명규	
김봉남	노옥규	박종훈	원종상	장상호	최규연	
김수진	노정남	박준용	유연호	장용익	최석규	
김승현	노하수	박철순	유홍삭	장재혁	최석원	
김시회	문병대	박현효	윤비오	장정애	최은정	
김인태	문재용	박희식	윤성원	장진갑	최재균	
김장용	민병후	백광호	윤성주	장혁호	하명완	
김종명	박건배	백운환	이무엽	장현석	하원도	
김준하	박경성	서영수	이미순	장효동	한 유	
김진영	박근수	손윤환	이상현	장희경	한상규	
김진원	박근화	손인상	이석호	전남득	허재성	
					황석범	